G. Klempnauer
Keiner kommt an Gott vorbei

GÜNTHER KLEMPNAUER

KEINER KOMMT AN GOTT VORBEI

FUSSBALL-LEGENDEN ÜBER GLAUBE.LIEBE.HOFFNUNG.

Ottmar Hitzfeld
Uwe Seeler
Wolfgang Overath
René Müller
Jean-Marie Pfaff
u. a.

benno

Inhalt

Fußball ist nicht alles,
aber ohne Gott ist alles nichts!

„Leben ohne Gott ist wie Fußball ohne Ball", twitterte der 26-jährige Fußballstar David Alaba vom FC Bayern München. Seine demütige Haltung auf dem Titelbild dieses Buches spricht für sich. Davon ist auch mein Weltklasse-Dream-Team aus vier Kontinenten überzeugt. Die begeisterten Fußballlegenden unterhielten sich mit mir nicht nur über ihre Erfolgsgeheimnisse, sondern vor allem über Glaube, Liebe und Hoffnung.

„An Gott kommt keiner vorbei." Man könnte glauben, damit sei der „Fußballgott" gemeint, denn an ihn glauben Millionen von Fußballfans. Die „Weltreligion Fußball" breitet sich immer mehr aus und begeistert die Massen. „An Gott kommt keiner vorbei," lautete auch der Slogan eines Einladungsplakats zu einer Großveranstaltung mit Billy Graham auf einer Litfaßsäule in Gelsenkirchen. Ein Fan von Schalke 04 pinselte darunter „außer Stan Libuda". Sein Fußballidol wurde in Schalke als Dribbelkünstler gefeiert und ist bis heute unvergessen. Als der legendäre Verein sein 100-jähriges Jubiläum (2004) feierte, wurde das Musical „Nullvier. An Gott kommt keiner vorbei" uraufgeführt. Das Ruhrpott-Märchen erzählt von der heftigen Auseinandersetzung des Gottvaters höchstpersönlich mit einem Schalke-Fan, der partout nicht bereit ist zu sterben. Nach einem Herzinfarkt vor dem Fernseher schließt der Alte mit Gott noch eine Wette ab; er darf so lange noch bleiben, bis Schalke gewinnt. Mit anderen Worten: Das Schalker Fußballidol Stan Libuda kommt doch an Gott vorbei, solange seine Mannschaft gewinnt. Das Musical-Orchester intonierte die Stadionhymne: „Steht auf, wenn ihr Schalker seid … Schalke, wir träumen von dir und wollen dich siegen seh'n." Darum beten die ganz frommen Fans immer noch: „Schalker unser im Himmel, du bist die auserkorene Mannschaft. Verteidigt werde dein Name, dein Sieg komme, wie zu Hause – so auch auswärts. Unseren üblichen Heimsieg gib uns immer … Und führe uns stets ins Finale. Denn dein ist der

Sieg und die Macht und die Meisterschaft in Ewigkeit! Attacke!"

Im gleichnamigen Fan-Magazin „Schalke unser" werden die anbetungswürdigen Spieler und ihr Trainer auf dem Spielfeld sowie hinter den Kulissen in den Fußballhimmel gehoben, wenn sie siegen. Die Liebe der Fans zu ihrem Verein ist grenzenlos, wie es auch in ihrem offiziellen Vereinslied heißt.

Vor den Cup-Finals im Londoner Wembley-Stadion singen traditionsgemäß hunderttausend Fußballfans den Choral „Abide with me", der auch in unseren Kirchengesangbüchern zu finden ist: „Herr, bleib bei mir. Der Abend bricht herein …" Wer ist wohl damit gemeint?

Wer am Samstagnachmittag zusammen mit Hunderttausenden – in der Fußballsaison 2017/18 sind es insgesamt 6.700.000 Zuschauer – in einen der 18 Fußballtempel der Bundesliga pilgert, erlebt ein Szenario, das einer gottesdienstlichen Handlung mit ihrer Liturgie und ihren Ritualen nachempfunden ist. Wie eine verschworene Glaubensgemeinschaft verfolgen emotional geladene Zuschauer das Spielgeschehen ihrer Mannschaft. Die begeisterten Fans glauben an ihre Idole, lieben sie wegen ihrer Spitzenleistungen, und hoffen auf einen Sieg. Jedes erzielte Tor löst ein ekstatisches Glückgefühl aus, das sie für einen Moment eintauchen lässt in eine paradiesische Welt. Fußball ist eben nicht alles, aber ohne Fußball ist alles nichts. Der Fußballer wird stilisiert zu einem übermenschlichen Idol, dem seine Fans huldigen wollen und mit dessen höchster

Leistung sie eigene Ohnmachtsgefühle kompensieren können. Wehe, wenn er verliert. Fußball wird dann umfunktioniert zu einer unbarmherzigen Leistungsreligion, wo nur noch der Sieg zählt und der Spieler nach seinem Marktwert eingestuft wird. Und wenn der Kurswert fällt, ist der Superstar entwertet.

Wenn der Glaube an einen barmherzigen Gott aus einer Gesellschaft verschwindet, wird der erfolgreiche Superstar inthronisiert und angebetet. Die Psychologen sprechen von einer Wechselbeziehung zwischen Vergötzung und Verzweiflung. Heute Übermensch, morgen Untermensch. Bezogen auf den Fußball, brachte es Bundestrainer Jogi Löw auf den Punkt: „Als Trainer stehst du an der Wand. Nach Siegen wirst du als Messias gefeiert, als Heilsbringer fürs ganze Volk. Wenn du ein Spiel verlierst, bist du der Staatsfeind Nr. 1."

Rivalisierenden Fans sowie gewinnsüchtigen Funktionären, die einem spielverderbenden Fußballgötzen huldigen, entgegnete Papst Benedikt XVI., selbst bekennender Fußballfan, mit Gottvertrauen und heiterer Gelassenheit: „Fußball ist das Heraustreten aus dem versklavten Alltag in den freien Ernst dessen, was nicht sein muss und deshalb so schön ist." Fußball solle nicht zu einer Leistungsreligion verkommen, wo kein Platz mehr für Verlierer sei.

Ich surfe auf „Kicker Online" und bleibe bei einem Artikel hängen, der eben ins Netz gestellt wurde. In der Schlagzeile wird Naldo gefeiert, der deutsch-brasilianische Superstar von Schalke 04, wie Stan Libuda vor fast 50 Jahren. „Naldo steht in der ‚Kicker'-Rangliste des deutschen Fußballs in der Internationalen Klasse und dort auf dem zweiten Platz hinter Mats Hummels von Bayern München", lese ich. Die Schalke-Fans würden Naldo als Legende und Fußballgott verehren. Wie würde der 35-jährige „Fußballgott" wohl den Slogan kommentieren: „An Jesus kommt keiner vorbei – außer Naldo." Sein großes Vorbild ist der deutsch-brasilianische 84-malige Nationalspieler und 336-malige Bundesligaspieler Ze Roberto, der erst mit 43 Jahren (2017) seine Fußballlaufbahn beendete. Ze Roberto bekennt: „Das Wichtigste ist, dass ich mich von Gott geliebt weiß, so wie ich bin – mit meinen Schwächen und Stärken." Und sein Erfolgsgeheimnis ist identisch mit dem von Billy Graham: „Alles vermag ich durch den, der mich stark macht, Jesus Christus." Als ein Bildzeitungsreporter Naldo Weihnachten (2017) an seinem Swimming-Pool in Brasilien besuchte, entblößte der „Schalker Derby-König" seinen Oberkörper, dessen kompletter Rücken ein kunstvolles Tattoo schmückte: Dort sieht man Jesus am Kreuz, daneben zwei schwebende Engel. Darüber steht auf Portugiesisch „Livrainos de todo o mal Amém" („Befreie uns von allem Bösen, Amen"). Jesus geht ihm unter die Haut. Denselben Glaubenston stimmt David Alaba an. Nach dem gewonnenen Champions-League-Finale zog der Verteidiger vom FC Bayern-München sein Vereinstrikot hoch und Millionen Zuschauer im Stadion und an den Bildschirmen lasen die Worte auf seinem T-Shirt: „Meine Kraft liegt in Jesus."

Der Autor, Filmemacher und Motivationstrainer David Kadel hat den zeitgenössischen gläubigen Fußballgrößen wie Alaba und Co. sowohl einen wunderbaren Film als auch eine „Fußballbibel" gewidmet.[1] Jürgen Klopp, Kulttrainer vom FC Liverpool, klärt darin die Fans auf: „Es gibt zwar für mich keinen Fußballgott, aber ich glaube, dass es Gott ist, der uns Menschen genauso liebt, wie wir sind, mit all unseren Macken, und deswegen glaube ich, dass er auch den Fußball liebt."

Für die aktuellen Spitzenspieler ist der Glaube an Jesus Christus eine Kraftquelle auf dem Spielfeld und in ihrem Alltagsleben, kein frommer Spleen oder ein bloßes traditionelles Anhängsel. Heiko Herrlich, der jetzige Cheftrainer von Bayer 04 Leverkusen (2018), wurde von Kadel gefragt, wie es komme, dass auffallend viele Fußballspieler Christen geworden seien. „Darüber habe ich mir auch schon Gedanken gemacht", antwortete der bisher jüngste Torschützenkönig der Bundesliga. „Als ich noch Spieler war, wurden der Brasilianer Jorginho, der Norweger Rune Bratseth oder der Neuseeländer Wynton Rufer wegen ihres Glaubens belächelt. Heute ist es genau andersherum. Viele Spieler in allen Fußballligen suchen und finden Halt in Gott. In der heutigen Zeit der Übersättigung und Reizüberflutung spüren viele Spieler, dass es etwas anderes geben muss, was einen viel reicher macht als das beste Handy, das größte Auto

---

1 Und vorne hilft der liebe Gott, R: David Kadel, D 2016, 102 Min, Gerth Medien; David Kadel: Fußball-Bibel, 544 S. Gerth Medien 2012.

und das dickste Bankkonto. Ich hoffe, dass dieser kraft-volle Glaube der Fußballprofis überschwappen wird auf unsere Gesellschaft." In diesem Buch erinnere ich an die von Herrlich erwähnten Fußballväter der 60er, 70er, 80er und 90er Jahre, die es gewagt haben, Gott ins Spiel der Bundesliga zu bringen. Ihre freimütigen Unterhaltungen mit mir als Freund, Sportpädagoge, Seelsorger, Fußballpfarrer oder Journalist über ihre Erfolgs- und Glaubensgeheimnisse gleichen einem spannenden Fußballspiel, das Begeisterung, Kampf, Siege, Niederlagen, Ängste, Schuld, Leid, Krankheit, Versöhnung, Hoffnung und Auferstehung widerspiegelt.

Meine „Jahrhundertelf" würde ich nach diesen Gesprächen wie folgt aufstellen: Im Tor „Welttorhüter des Jahres" Jean-Marie Pfaff und zweimaliger „bester Fußballer des Landes" (DDR) René Müller. In der Abwehr den 96-maligen Nationalspieler Berti Vogts und den ehemaligen Deutschen Meister mit Bayern München Jorginho. Im zentralen Mittelfeld geben sich der promovierte Theologe und ehemalige U18-Spieler Oliver Pagé und der 60-malige Nationalspieler Rune Bratseth die Ehre sowie der ehemalige Schweizer Torschützenkönig Ottmar Hitzfeld. Im Angriff schließlich „Asiens Fußballer des 20. Jahrhunderts" Bum-kun Cha, der Weltmeister von 1974 Wolfgang Overath, der dreimalige „Deutsche Fußballer des Jahres" Uwe Seeler, der einst jüngste Torschützenkönig der Bundesliga Heiko Herrlich sowie schließlich „Ozeaniens Fußballer des Jahrhunderts" Wynton Rufer. Als Kommentatoren hätte ich gerne den

Ehrenpräsidenten des Deutschen Fußball-Bundes, Egidius Braun, sowie „Mr. Sportschau" Dieter Kürten eingesetzt, mit denen ich ebenfalls exklusive Gespräche führen durfte. Robert Enke, mit dem ich leider nicht persönlich gesprochen habe, soll neben all diesen Größen nicht unerwähnt bleiben. Daher wird auch seine Geschichte erzählt, die ganz Deutschland bewegte.

Besonders freut es mich, dass in diesem Buch 16- bis 17-jährige Schülerinnen und Schüler des Siegener Evangelischen Gymnasiums zu Wort kommen, die einen Projektkurs Religion/Sport 2017/2018 belegten. Was sie an den Lebensgeschichten der Fußballlegenden besonders interessierte, waren erstaunlicherweise weniger die Erfolgsbilanzen der Weltfußballer, als vielmehr ihre Antworten auf die Sinn- und Gottesfrage.

Ich wünsche Ihnen eine unterhaltsame Lektüre und hilfreiche Impulse für Ihr Leben im Zusammenspiel mit anderen Menschen in der Verantwortung vor Gott.

Gott segne Sie!

Ihr Günther Klempnauer
Siegen, im Januar 2018

UWE SEELER

Das Erfolgsgeheimnis von „Uns Uwe"

Uwe Seeler hat mit Fritz Walter und Horst Eckel unter dem legendären Trainer Sepp Herberger bereits als 17-Jähriger Fußball gespielt. Wir sind gleich alt und haben in jungen Jahren schon gegeneinander und als 56-Jährige fast in der Seniorennationalmannschaft in Schweden zusammen gespielt, wo ich als offizieller Fußballpfarrer der UEFA die deutsche Nationalmann-schaft zur Europameisterschaft 1992 begleiten durfte.

Uwe Seeler, dem Ehrenspielführer der deutschen Nationalmannschaft und Ehrenbürger der Hansestadt
Hamburg – neben Reichskanzler Otto von Bismarck
und Bundeskanzler Helmut Schmidt –, hat der Nord-
deutsche Rundfunk anlässlich seines 80. Geburtstags
(Jahrgang 1936) eine aufschlussreiche Multimedia-Do-
kumentation gewidmet, die auch im Internet abrufbar
ist. Da heißt es: „Uns Uwe': ein Idol für alle. Beliebt,
bescheiden, bodenständig und auch heute noch eines
der größten Fußballidole in Deutschland."
Meine Begegnungen mit Uwe Seeler als Spieler in der
Jugendzeit, als Journalist in seinem Hamburger Haus
sowie als Sportpfarrer bei der Fußball-Europameisterschaft in Schweden bleiben mir unvergesslich. Wir sind
im selben Jahr geboren und gemeinsam alt geworden.
Der Fußballer des Hamburger Sportvereins, dessen
Präsident Seeler auch mal war, bekam als erster Sportler in Deutschland das große Bundesverdienstkreuz
verliehen. Seeler war auch der erste Bundesliga-Tor-
schützenkönig. In 72 Länderspielen schoss er 43 Tore.
Als Nationalspieler nahm er an vier Weltmeisterschaften
teil. Dreimal wurde Uwe Seeler zum „Deutschen Fußballer des Jahres" gewählt. In den 60er- und 70er-Jah-
ren war der „bodenständige, aufrichtige, geradlinige
und unkomplizierte Mensch" Uwe Seeler Deutschlands
größtes Vorbild. Wiederholt wählten die Deutschen Uwe
Seeler zum größten Vorbild vor John F. Kennedy (1965)
und Willy Brandt (1972). Selbst zeitgenössische renom-
mierte Wissenschaftler wie der Nobelpreisträger Otto

Hahn kannte Seeler persönlich und schätzte ihn sehr, vor allem ob seiner Bescheidenheit. In einer Anekdote aus dem Jahr 1964 heißt es, dass Hahn, der gerade beim Autogramme verteilen war, sich an die jungen Menschen wandte und sagte: „Ihr habt Glück. Sonst kosten die bei mir fünf Mark; heute mach ich's umsonst. Oder wollt ihr etwa wieder drei Otto Hahn gegen einen Uwe Seeler eintauschen?'"

Ich traf Uwe Seeler in seinem Norderstedter Geschäftshaus zum Gespräch, wo der stolze Familienvater von drei Töchtern und vorbildlicher Ehemann vor allem einige Fußballstationen Revue passieren ließ.

„Ich möchte Mensch bleiben"

Seine Beliebtheit war bereits seit Jahrzehnten groß und ich wollte wissen, worauf er das zurückführe.

„Ich bin ein Eigengewächs des Hamburger Sportvereins", antwortete er und erzählte mir von seinem Werdegang. Seine Erfahrungen und Erfolge in der Schüler- und Jugendmannschaft ließen ihn schließlich in die Erstliga-Mannschaft aufgestiegen. In mehr als 400 Jugendspielen und 810 Erstligaspielen spielte er für den HSV. Als er dann noch Nationalspieler (mit 72 Länderspieleinsätzen) wurde, stand er im Blickfeld der Öffentlichkeit. „Ich bin von klein auf ein leidenschaftlicher Sportler gewesen und wahrscheinlich deshalb so erfolgreich geworden. Mein Sportlerruhm hat mich nie veranlasst zu glauben, nun ein anderer Mensch geworden zu sein. Ich möchte Mensch bleiben, mich so geben, wie ich bin. Vielleicht ist das der Grund, warum ich überall gern gesehen bin", fügte er hinzu.

Ich wollte mehr über sein Elternhaus wissen und wie er aufwuchs. Seeler wies auf die schwere Zeit nach dem Zweiten Weltkrieg hin. Diese Zeit habe die Familie zusammengeschweißt und gefestigt. „Da gab es Zeiten, in denen mein Vater als Schauermann im Hamburger Hafen keine Arbeit bekam und meine Mutter die Lebensmittel nicht bezahlen konnte, sondern anschreiben lassen musste. Noch heute denken wir oft daran zurück und wissen, dass nichts selbstverständlich ist. Mein Vater war im Sportverein recht angesehen und hatte einen guten Kontakt zu besser verdienenden Vereinskameraden. Aber er war niemals neidisch auf sie: Missgunst schafft auch in unserer Zeit viele Probleme. Mein Vater hat mich gelehrt, solche Menschen zu achten, die es im Leben durch Fleiß zu etwas gebracht haben, auch wenn sie mehr haben als ich."

Seeler schätzt an seinen Eltern sehr, dass sie für ihre Kinder gelebt haben, dass sie ausreichend zu essen und Kleidung hatten. Er schmunzelte, als er erzählte: „Mit mir hatte der Vater oft seine liebe Not. Ich war sehr lebhaft und bolzte fast immer auf der Straße. Und die Schuhe, die es nur auf Bezugschein gab, waren unheimlich schnell kaputt. Hin und wieder bekam ich Stubenarrest von meiner Mutter. Mein Vater war etwas verständnisvoller: ‚Lass den Jungen mal spielen. Man kann ihn doch nicht festbinden', sagte er dann zu meiner Mutter. Er hielt mich an der langen Leine, gab mir aus seiner Erfahrung hilfreiche Tipps und machte mich auf die negativen oder positiven Auswirkungen meiner Entscheidung aufmerksam."

Disziplin und Selbstkritik

In seiner Jugend trainierte ihn Günter Mahlmann. „Er hat uns Jungen gelehrt, was Disziplin und Selbstkritik sind."

Lehrjahre sind keine Herrenjahre. Davon kann Uwe Seeler ein Lied singen. Dies gilt auch für seinen beruflichen Werdegang. Bei der Speditionsfirma Schier, Otten & Co. absolvierte er eine dreijährige kaufmännische Lehre, die er mit gutem Erfolg abschloss. „Mein Ausbilder, Herr Klüver, hat mich hart rangenommen", so Seeler und gestand: „Dafür bin ich ihm heute noch sehr dankbar. Damals war ich sehr zurückhaltend und furchtbar schüchtern. Es fiel mir schwer zu telefonieren und mit den Kunden zu verhandeln. Ich musste mich ganz schön durchbeißen." In einer Sportzeitung las ich: „Uwe Seeler, das bedeutet eine geballte Ladung von Energie, stürzt sich auf das Objekt aus Leder. Man sieht nur ein Ziel, das so zu beziffern ist: Ein Rechteck von der Größe 7,38 Meter mal 2,44 Meter, das Fußballtor!" Einsatzbereitschaft, Fleiß, Disziplin und Ausdauer sind wohl die typischen Charaktereigenschaften jenes Fußballidols, mit dem sich die Zuschauermassen gern identifizierten: Uns Uwe. Trotz seines kompakten Körperbaus und seiner geringen Körpergröße (1,69 m) war er meistens der Schnellste auf dem Spielfeld, sprang höher als jeder andere, brauchte im Strafraum am wenigsten Platz, um Tore zu erzielen, und der unbändige Wille zur Höchstleistung erlahmte nie. Doch was war seine Motivation, stets vollen Einsatz zu zeigen? Das sei nun einmal sein Naturell, so der Fußballer. „Auch mein Vater war ein sehr harter Arbeiter und robuster Spieler. Es gab eine Grundeinstellung in unserer Familie: Entweder ganz oder gar nicht. Wenn ich mich für eine Sache begeistere, dann gebe ich alles, was ich habe. Das gilt für alle Bereiche des Lebens, nicht nur für den Sport. Aber es muss auch Spaß machen. Wer Freude am Leistungssport hat, ist auch bereit, Opfer zu bringen. Manchmal habe ich mich abgequält und geschimpft. Aber wenn ich dann nach dem Training unter der Dusche stand, war aller Ärger vergessen."

„Herberger, mein väterlicher Freund"

Der legendäre Bundestrainer Sepp Herberger holte das Fußballtalent Seeler 1953 in die deutsche Jugend-Nationalmannschaft. Seeler-Tore öffneten ihr den Weg ins Endspiel des Europaturniers. Am 16. Oktober 1954 bestritt der damals 17-Jährige sein erstes Länderspiel in der deutschen Weltmeisterschaftself (1954) gegen Frankreich. Die 82.000 Zuschauer im Niedersachsen-Stadion feierten Uwe Seeler als besten und gefährlichsten deutschen Stürmer. Sepp Herberger war ein weiterer Markstein auf der Straße des erfolgreichen Lebens von Uwe Seeler. „Herberger war für mich ein väterlicher Freund. Wenn ich mal als Vereinsspieler in einer Krise steckte, erreichte mich wenig später ein Brief von ihm: ‚Steck den Kopf nicht in den Sand, sondern schau nach oben.' Und dann lief es auch bald wieder. Sicherlich war er für uns Nationalspieler eine Autoritätsperson mit einer gewissen Distanz. Aber er beobachtete jeden von uns sehr genau und wusste, wo uns der Schuh drückte. Dann hat er seine Sorgenkinder zur Seite genommen und ist mit ihnen spazieren gegangen." Herbergers Gesprächsführung sei so geschickt und verständnisvoll gewesen, dass man sich einfach öffnen musste. Dabei seien nicht nur sportliche, sondern auch berufliche und familiäre Probleme zur Sprache gekommen. „Herberger wusste ganz genau: Ein Spieler kann nur dann eine gute Leistung bringen, wenn sein Rücken frei ist."

Das verlorene WM-Endspiel im Hexenkessel des Wembley-Stadions

Unvergessen ist für Millionen von Fußballfans das Weltmeisterschaftsfinale England vs. Deutschland (4 : 2) vor 100.000 Zuschauern im ausverkauften Wembley-Stadion im Jahre 1966. Uwe Seeler war in diesem

Endspiel nicht nur der deutsche Mannschaftskapitän, sondern der Dreh- und Angelpunkt des Spielgeschehens. Sein kämpferischer Einsatz war nicht zu überbieten. Am Ende der regulären Spielzeit trennten sich die besten Mannschaften des WM-Turniers mit einem Unentschieden (2 : 2). In der halbstündigen Verlängerung schoss England das umstrittene dritte Tor und wurde Weltmeister.

Als der FDP-Politiker Wolfgang Mischnick nach seiner Meinung über Uwe Seeler gefragt wurde, antwortete er spontan: „Mich beeindruckt seine Einsatzbereitschaft und sein Draufgängertum im guten Sinne. Ich werde nie seine vorbildliche Haltung beim Endspiel um die Fußball-Weltmeisterschaft 1966 in England vergessen, wo die deutsche Mannschaft in einer solch anständigen Weise diese unglückliche Niederlage getragen hat. Damit hat Uwe Seeler der Weltöffentlichkeit einen großen Dienst erwiesen." Doch wie beurteilte die Fußballlegende dieses dramatische und denkwürdige Ereignis? „Wir haben damals unglücklich verloren, und darüber waren wir sehr traurig. Im Gegensatz zu England hatten wir in diesem kräfteraubenden Weltmeisterschaftsturnier starke Gegner. In diesem Endspiel hatte uns die erstklassige englische Mannschaft die letzten Kräfte geraubt, und als dann in der Spielverlängerung auch noch das umstrittene Tor für England erzielt wurde, waren die Würfel gefallen." Das ausgeprägte Gemeinschaftsgefühl der deutschen Elf habe geholfen, die Niederlage verkraften. Das habe die Engländer sehr beeindruckt.

Als die deutschen Fußballer nach dem Spiel in ihr Hotel zurückfuhren, wurden sie von den Engländern wie die Weltmeister bejubelt. „Ich weiß nicht, ob dies je eine ausländische Mannschaft erlebt hat. Natürlich kann ich verstehen, dass die deutschen Politiker sich über unser faires Verhalten gefreut haben. Vielleicht sollten die Politiker davon lernen. Heutzutage gibt es doch kaum noch ein Miteinander, fast nur noch ein Gegeneinander. Selbst wenn der Parteigegner etwas Gutes bewerkstelligt, wird er fertiggemacht."

Bergpredigt als Richtschnur

An dieser Stelle ließ ich Gedanken Jesu aus der Bergpredigt in unser Gespräch einfließen: „Verurteilt nicht andere, damit Gott nicht euch verurteilt. Denn euer Urteil wird auf euch zurückfallen, und ihr werdet mit demselben Maß gemessen werden, das ihr bei anderen anlegt" (Mt 7,1 ff.). War dieses Bibelwort für Seeler noch immer aktuell? „Das ist ein sehr, sehr gutes Wort. Leider wird es von den wenigsten befolgt. Es gilt nicht bloß für Politiker. In unserem gesellschaftlichen Leben erlebt man es kaum noch, dass jemand die Meinung des anderen anhört, geschweige denn gelten lässt. Jeder meint, er allein habe recht. Als Geschäftsmann muss ich bereit sein, in Konfliktsituationen manchmal nachzugeben oder meine Fehler zuzugeben. Darin sehe ich keine Schwäche, sondern eher eine Stärke."

Ein Millionen-Angebot ausgeschlagen

„Nehmt euch an Uwe Seeler ein Beispiel", empfahl einst der Wiesbadener Oberamtsrichter Dr. Reinhold Brauser jugendlichen Einbrechern. Max Schmeling hob zusätzlich hervor, dass es um Uwe Seeler nie Skandale gegeben habe. Selbst das große brasilianische Fußballidol Pele sagte zu einem Reporter: „Ich bin ein großer Fan von Uwe. Ich freue mich immer, mit ihm zusammen zu sein."

Interessante Einblicke in den damaligen Zeitgeist gibt der offene Brief an Uwe Seeler, geschrieben von dem populären Hamburger Theologieprofessor Helmut Thielicke, nachdem Inter Mailand Seeler nach der Saison 1961 in Italien stürmen lassen wollte. Thielicke bat dringend, Seeler solle das verlockende Angebot des italienischen Fußballklubs ausschlagen, um „der Jugend unseres Volkes ein Leitbild für die Lauterkeit der Gesinnung zu werden". Wie er auf dieses heute seltsam anmutende Ansinnen reagiert habe, wollte ich von Seeler wissen. „Von der bundesweiten Resonanz war ich sehr angenehm überrascht. Und mit dem Brief eines Theologieprofessors habe ich überhaupt nicht gerechnet." Die Seeler im Jahre 1961 von dem italienischen Profiklub angebotene Summe ist heute gar nicht mehr hochzurechnen. Seelers Verein HSV hätte für ihn eine Ablösesumme von 1,5 Millionen Mark plus ein Handgeld für Seeler von einer Million Mark bekommen. Man muss bedenken, dass es damals in Deutschland noch keinen Profifußball gab. Als Vertragsspieler verdiente Seeler 1961 genau 360 Mark. Als zwei Jahre später die Bundesliga gegründet wurde, durfte er laut DFB-Satzung aufgrund seiner fünfzig Länderspiele zusammen mit Hans Schäfer das höchste Monatsgehalt als Profi beziehen, nämlich 2.500 Mark – und das über Jahre. Trotzdem lehnte der beliebte HSVler das Angebot aus Italien ab. „Ich bin ein sehr bodenständiger Mensch und gehe lieber den schwierigen als den leichten Weg", erklärte Seeler. Ruhm und Erfolg seien für ihn nicht zentral. „Für mich ist das Wichtigste im Leben das menschliche Miteinander in der Familie wie auch im Freundeskreis. Ich brauche eine harmonische Atmosphäre ohne Intrigen und Ungerechtigkeit."

„Wenn ich Bischof von Hamburg wäre ..."

Uwe Seeler ist getauft und konfirmiert. Sich und seine Familie würde er aufgrund ihrer Lebensführung als gute Christen bezeichnen, er fügte aber hinzu, dass er selten in die Kirche gehe. Ich fragte ihn, ob er sich in Sportler- und Geschäftskreisen schon mal über die Kirche unterhalte. Oft werde nur über die Vergeudung der Kirchensteuer geschimpft, meinte er kritisch, gab aber zu: „Ich habe auch kein Verständnis dafür, dass man eine Kirche nach der anderen baut, und dabei sind doch die meisten Kirchen am Sonntagmorgen leer. Und wenn Not am Mann ist, wird noch zusätzlich gesammelt. Ich kenne viele Geschäftsleute, die Unsummen von Kirchensteuern zahlen, aber noch niemals ihren Pastor zu Gesicht bekommen haben. Es sei denn, in der Familie ist Taufe, Hochzeit oder Beerdigung, wo man dann hin muss. Die Kirche müsste sich mehr um die Leute kümmern, denn gerade hier sollte es ein vorbildliches Miteinander geben. Ich persönlich habe guten Kontakt zu Pastoren. Aber ich bin kein Maßstab."

Wenn Seeler Bischof von Hamburg wäre, was würde er in der Kirche ändern, wollte ich daraufhin wissen. „Ich würde die Pastoren und kirchlichen Mitarbeiter auffordern, sich intensiver um die Menschen in ihrem Gemeindebezirk zu kümmern, auf sie zuzugehen und nicht zu warten, bis die Außenstehenden in die Kirche kommen." Der unmittelbare menschliche Kontakt sei sehr wichtig. In den Predigten müssten die Probleme der Leute vorkommen, damit sie sich angesprochen fühlen, meinte der Fußballprofi.

Sinn- und Gottesfrage angesichts des Todes

Auch in Uwe Seelers bewegtem Leben gab es manche Krisen. Allein aufgrund seiner Sportverletzungen verbrachte er mindestens 18 Monate in Kliniken, Sanatorien oder zu Hause. Sein Sportarzt Dr. Fischer zählte 715 Behandlungen. Nach einem Achillessehnenriss, der seine Fußballlaufbahn zu beenden schien, laborierte der an sich selbst zweifelnde Mittelstürmer über ein halbes Jahr. Wie geht er mit solchen Krisensituationen um? „Da geht man in sich und fragt sich: ‚Na, wird es wieder gelingen oder nicht?' Gerade im Krankenhaus hat man viel Zeit, über gewisse Dinge nachzudenken. Es liegt nicht in meiner Natur, um meine Person oder um meine persönlichen Gefühle ein öffentliches Geschrei zu machen. Ich bin sicherlich auch nicht sehr gläubig, wenn ich an Gott denke. Aber wenn ich mich selbst in diesem Augenblick frage: Bin ich für den Glauben an Gott? Ja, aber mehr zurückgezogen und mehr im Innerlichen."

Mit der Sinn- und Gottesfrage kam auch die Todesfrage zur Sprache. Aber warum kommen diese existenziellen Fragen meist erst im Rahmen von Trauerfällen auf und nicht in unseren Alltagsgesprächen, fragte ich Seeler. Dieser ist ratlos, pflichtet mir aber bei. Er kenne die Gespräche über den Sinn des Lebens auf Trauerfeiern. „Vielleicht sitzt der Schock so tief, mal wieder einen guten Freund verloren zu haben, dass man seine innersten Gefühle nicht für sich behalten kann. Und dann kommt auch Gott zur Sprache. Solche tiefgründigen Unterhaltungen müsste man auf Tonband festhalten. Wer nicht dabei ist, kann sich das kaum vorstellen. Jedes Mal nimmt man sich vor, mehr Zeit füreinander zu haben, bewusster zu leben und über den Sinn des Lebens nachzudenken. Und wenn wir uns nach geraumer Zeit auf einer Beerdigung wiedersehen, müssen wir uns eingestehen: Es hat sich nichts geändert. Die Hektik des alltäglichen Lebens hat uns keine Zeit gelassen."

Leben heißt Abschied nehmen

Je älter wir werden, umso häufiger müssen wir Abschied nehmen. Daran musste ich denken, als ich kurz zuvor am Hamburger Volksparkstadion vorbeigefahren war und an Seelers Abschiedsspiel vor 70.000 begeisterten Fußballfans erinnert wurde. Das war am 1. Mai 1972: Die internationale Fußballelite – unter ihnen der Engländer Gordon Banks, der Portugiese Eusebio und der Brasilianer Pele – war seinetwegen nach Hamburg gekommen, um gegen den Hamburger Sportverein, in dem Seeler 26 Jahre aktiv Fußball gespielt hatte, anzutreten. Millionen Fernsehzuschauer hatten dieses erste Abschiedsspiel für einen deutschen Fußballstar miterlebt. Die Nachfrage war so groß, dass das Volksparkstadion dreimal hätte ausverkauft werden können. Ich wollte nur eines von Uwe Seeler wissen: Was war das für ein Gefühl? „Das war riesig", grinste er. „Die größten Fußballer der Welt waren meiner Einladung gefolgt. Im Stadion hätte die Atmosphäre nicht besser sein können. Am Abend folgte ein Bankett für 400 geladene Gäste im Atlantik-Hotel. Nach dem dreitägigen Programm mit Hafenrundfahrt wären die Gäste am liebsten noch eine weitere Woche geblieben. Für mich war es ein Abschied vom aktiven Leistungssport. Das ist nun mal der Welten Lauf."

Nachspiel in Göteborg bei der Euro '92

Zur Fußball-Europameisterschaft 1992 in Schweden hatte mich die Europäische Fußball Union (UEFA) offiziell eingeladen, die deutsche Nationalmannschaft als Fußballpfarrer zu begleiten. Gleichzeitig wurde ich vom Deutschen Fußball-Bund gebeten, mich für ein Freundschaftsspiel der deutschen Senioren-Mannschaft gegen Schweden einzustellen, wenn Ersatzspieler fehlen sollten. Die von Uwe Seeler organisierte Traditionself mit ehemaligen Fußballprofis hatte sich in den Umkleidekabinen des Ullevi-Stadions in Göteborg eingefunden. Als ich voller Erwartung dazukam, begrüßte mich Uwe Seeler und gab mir zu verstehen, dass ich nicht mitspielen könne, weil genügend Ersatzspieler da seien, die alle mal aktive Nationalspieler gewesen waren. Und da konnte ich nicht mithalten. Was mich in dieser Situation beeindruckte, war das Einfühlungsvermögen von Uwe Seeler sowie seine tröstenden Worte. Wir standen schon mal als 17-Jährige bei einem Ratzeburger Jugendturnier auf demselben Platz, spielten aber gegeneinander. Das war 1953. Es wäre ein Traum für mich gewesen, 39 Jahre später mit dem Fußballidol in einer Mannschaft spielen zu dürfen. Wie sagte Uwe Seeler nach seinem Abschiedsspiel im Volksparkstadion: „Das ist der Welten Lauf."

WOLFGANG OVERATH

*Der Fußball-Millionär und seine
Sympathie für die Hilfsbedürftigen*

*Erst kürzlich besuchte ich Wolfgang Overath, den
Fußball-Weltmeister von 1974 und zeitweiligen Präsidenten des 1. FC Köln, in seiner Heimatstadt Siegburg. Der 74-jährige Geschäftsmann hat immer noch
die gleiche Figur wie in seinen besten Jahren und
spielt immer noch Fußball – in der Halle. Als gläubiger
Katholik begeistert er sich für Jesus, mit dem er die
Liebe für hilfsbedürftige Menschen teilt.*

Wer an die Glanzzeit des populären Fußballclubs 1. FC Köln denkt, kommt an Wolfgang Overath nicht vorbei. Zeitlebens hielt er seinem Verein die Treue, für den er als Fußballprofi zwischen 1963 und 1977 insgesamt 765 Spiele absolvierte und 287 Tore schoss. Einmal wurde er mit seinem Verein Deutscher Meister und war von 2004 bis 2011 Vereinspräsident vom 1. FC Köln.

Auf dem Höhepunkt seiner aktiven Fußballkarriere fand der Dribbelkünstler auch internationale Beachtung: „Er hat die Grazie einer Primaballerina, das Durchstehvermögen eines Weltraumfahrers, die Intelligenz eines Einsteins und die fußballerischen Qualitäten eines, ja, was sollen wir sagen, nehmen wir den größten Superlativ – eben eines Overath". Überschwänglicher hätte das Lob in der größten brasilianischen Sportzeitung „Journal de deportes" für Wolfgang Overath anlässlich der Fußball-Weltmeisterschaft 1970 in Mexiko nicht ausfallen können. Von Sportjournalisten aus aller Welt wurde der deutsche Nationalspieler zum besten Mittelfeldspieler des Turniers gewählt. Damals belegte die deutsche Nationalmannschaft den dritten Platz. Den Weltmeistertitel holte Overath sich vier Jahre später bei der Fußball-Weltmeisterschaft 1974 in Deutschland.

Als Zwölfjähriger vor 100.000 Zuschauern
im Wembley-Stadion

Früh übt sich, was ein Meister werden will. Als Zwölf-jähriger spielte Wolfgang Overath schon in der Schü-ler-Nationalmannschaft im Londoner Wembley-Sta-dion vor 100.000 Zuschauern. Wie verkraftete ein Kölner Junge so viel Fußballruhm? „Damals habe ich mir nicht eingebildet, die 100.000 Menschen sei-en meinetwegen gekommen. Natürlich war die Atmo-sphäre im Stadion für mich beeindruckend. Trotzdem habe ich meine Fähigkeiten nicht überschätzt. Es war schön, vor so vielen Menschen zu spielen. Drei Wo-chen später haben wir das Rückspiel gegen England in Essen vor 30.000 Zuschauern mit 4 : 1 gewonnen. In der Sportpresse hob man meine spielerischen Qua-litäten heraus und prophezeite mir eine hoffnungsvolle Karriere. Solche Zeitungen habe ich natürlich gekauft und mit Stolz gelesen. Aber ich blieb auf dem Boden der Wirklichkeit."
Das Erfolgsrad drehte sich immer schneller. Obwohl nicht gerade der körperlich Stärkste und Größte, wurde Overath von dem Jugendfußball-Betreuer Dettmar Cra-mer in den europäischen UEFA-Turnieren eingesetzt, wo er als 16-Jähriger gegen 18-Jährige zu kämpfen hatte. Cramer wollte mit ihm wahrscheinlich bewei-sen, dass in Deutschland nicht nur Kraftfußball gespielt wird. Ein Jahr später unterschrieb Overath einen Ver-trag beim 1. FC Köln, und mit 18 Jahren holte ihn der

damalige Bundestrainer Sepp Herberger in die deutsche Nationalelf.

„Meine Eltern waren einfache Leute"

„Als Jugendlicher besuchte ich das altsprachliche Gymnasium in meiner Heimatstadt Siegburg am Rhein", berichtete Overath. „Bis zur Mittleren Reife hatte ich keine
schulischen Probleme. Danach wurde es schwieriger
wegen der vielen sportlichen Turniere, für die ich nicht
immer freigestellt wurde. Ich begann eine kaufmännische Lehre, die ich mit gutem Erfolg abschloss, obwohl
ich in dieser Zeit schon einen Profivertrag unterschrie-
ben hatte. Ich habe damals gut verdient. Man muss natürlich alles in Relation setzen. Wenn ich vom 1. FC
Köln ein Handgeld von 20.000 Mark bekam, wären
das heute ungefähr 200.000 Euro. Ich bin in Köln mit
meinem Verdienst immer zufrieden gewesen. Natürlich
hätte ich in Spanien oder Italien mehr Geld verdienen
können. Ein Angebot lag aus fast jedem europäischen
Land vor. Aber besonders meine Frau und ich lieben
das Rheinland, und ich wäre nur weggegangen, wenn
der 1. FC Köln abgestiegen wäre."
Wer sich in seiner Heimat wohlfühlt und Wurzeln geschlagen hat, kommt fast immer aus einem harmoni-
schen Elternhaus. Wie war das bei Wolfgang Overath?
„Meine Eltern waren einfache Leute, die sehr stolz auf ihre
Kinder waren. Ihnen widmeten sie ihre Kraft, ihre Zeit und

ihre Liebe. Mein Vater war Büroangestellter, sehr fleißig und sozial eingestellt. Meine Mutter war ein herzensguter Mensch, sie strahlte viel Liebe aus und war nie ungerecht. Leider ist sie mit 55 Jahren gestorben. Die Frage, warum Gott das zugelassen hat, ist mir eigentlich nie gekommen. Es wird wohl da oben jemand sein, der besser zu urteilen weiß als ich. Damals war ich 15 Jahre alt und schon tief im christlichen Glauben verwurzelt. Deshalb hätte mich dieser Zweifel nie aus der Bahn geworfen."

Das Glück mit anderen teilen

Es gibt Menschen, die nicht verstehen können, warum ein wohlhabender und angesehener Mann auf Gott vertraut. Overath hat eine glückliche Familie, besitzt viele Immobilien. Hat er Gott überhaupt nötig? „Man kann das Verhältnis zu materiellen Gütern nicht mit der Beziehung zu Gott vergleichen. Ich finde es schön, wenn man sich durch Fleiß ein gewisses Vermögen erworben hat. Es befriedigt mich und macht mich ein wenig stolz. Aber das materielle Glück währt doch nur einen Augenblick; es ist heute da und kann morgen vorbei sein. Für mich ist der Glaube an Gott nicht in fünf Jahren zu Ende. Das Gottvertrauen gibt mir vielmehr die Gewissheit, dass meine Verbindung zu Gott nicht abreißt, auch wenn das Leben auf dieser Welt aufhört. Dieses Leben ist für mich die Vorstufe des ewigen Lebens. Ich bewundere jene Menschen, für die materielle Dinge ganz unwichtig sind und die nur für Gott und andere Menschen leben wie zum Beispiel Mutter Teresa. So weit bin ich jedoch nicht. Ich freue mich, wenn ich ein schönes Auto fahre, schöne Kleider habe oder in einem schönen Haus wohne."

Ich erzählte ihm von meinem Besuch bei Mutter Teresa kurz vor ihrem Tod in Kalkutta, und dass sie materiell vermögenden Leuten Mut machen würde, weiterhin viel Geld zu verdienen. Sie begründete dies damit, dass sie mit ihrer Arbeit unter den Ärmsten der Armen auf die Spenden der reichen Leute angewiesen sei. „Können die karitativen Hilfswerke auch mit Ihren Spenden rechnen?", fragte ich den ehemaligen Fußballprofi. „Meine Frau Karin und ich versuchen, das Glück, das uns zuteil geworden ist, mit anderen zu teilen", antwortete mir der fast 75-Jährige. Er gründete vor 20 Jahren einen Fond für Hilfsbedürftige. Seitdem kamen über eine Million Euro für Menschen in Not zusammen, die mit Unterstützung des „Katholischen Vereins für soziale Dienste im Rhein-Sieg-Kreis" verteilt werden. Jedes Jahr lädt das Ehepaar Overath 150 Obdachlose und bedürftige Menschen, darunter auch Kinder, zu einer Weihnachtsfeier mit Essen ein, bei der auch Geschenke verteilt werden. In diesem Zusammenhang fielen mir Worte aus dem Matthäusevangelium ein, als Jesus in seiner Rede über das Weltgericht unter anderem sagt: „Ich bin hungrig gewesen, und ihr habt mich gespeist … Was ihr einem unter diesen meinen Geringsten getan habt, das habt ihr mir getan."

Jesus und die Kirche

Ich wollte wissen, was Overath der Glaube an Jesus Christus bedeutet. „Jesus ist für mich der entscheidende Punkt, auf den es im Leben ankommt. Meine Glaubenserfahrung versichert mir, dass Jesus nicht nur ein guter Mensch gewesen ist, sondern auch Gottes Sohn, mein Erlöser. Verstandesmäßig kann ich das nicht beweisen. Wenn ich es könnte, brauchte ich es nicht mehr zu glauben. Für mich ist er die Wahrheit in Person. Sein Leben möchte ich auf mich wirken lassen, auch wenn ich seine Lebens- und Glaubenshaltung nie erreichen werde. Wie oft passiert es mir, dass ich vor schwierigen Situationen stehe, sei es im Sport, in der Familie oder im Geschäft. Dann kann ich nur Jesus um seine Hilfe bitten. Und wie oft durfte ich erfahren, dass er mir half, Klippen zu umschiffen. Und wenn es mir misslang, habe ich trotzdem nicht an ihm gezweifelt. Mit ihm stehe ich immer auf der Seite des Gewinners."

Overath ist Katholik. Praktiziert er seinen Glauben auch dementsprechend?

„Es wäre für mich unvorstellbar, der Kirche den Rücken zu kehren, um mehrere tausend Euro Kirchensteuer zu sparen. Ich käme mir vor wie ein Verräter. Ich lese regelmäßig in der Bibel, die für mich ein faszinierendes Buch ist. Dieselbe Regel gilt auch für das Gebet. Es ist wunderbar, täglich zu beten und nicht nur sonntags in der Kirche. Durch den Kirchgang verstärke ich meinen

Kontakt zu Gott und möchte auch vor anderen Menschen bekennen: „Ich gehöre zu dir."

Rivalen auf dem Fußballfeld und trotzdem Freunde

Kehren wir zurück aufs Fußballfeld, aber lassen wir Gott im Spiel, denn Sonntagschristen gibt's genug. Als deutscher Fußballnationalspieler absolvierte Wolfgang Overath 81 Länderspiele. In entscheidenden internationalen Wettkämpfen war er oft der Spielmacher, dessen Leistung eine Wende zum Sieg bedeutete. Zum Beispiel bei der Fußballweltmeisterschaft 1966 in England, wo er Vizeweltmeister wurde. Vier Jahre später schoss er bei der Weltmeisterschaft in Mexiko nach guter Leistung während des gesamten Turniers gegen Uruguay das Tor zum Sieg und damit seine Mannschaft zum dritten Platz. Beim nächsten Weltmeisterschaftsturnier 1974 in Deutschland holte er den begehrten Weltmeisterschaftstitel. Zwischenzeitlich gab es immer wieder Krisen und auch Konkurrenzkämpfe, etwa mit dem Rivalen Günther Netzer, der kurzzeitig in der deutschen Nationalmannschaft auf dieser Position eingesetzt wurde. Wie bewältigte Overath derartige Krisen?

„Gerade wir zwei sind bis heute gute Freunde geblieben. Im Sport will jeder der Beste sein – allerdings mit fairen Mitteln. Das ist von Gott so gewollt. Und wenn ein anderer einmal besser ist, muss ich das akzeptieren. Darin zeigt sich die Größe eines Menschen."

„Die rote Karte für meine Schwächen"

„Irgendwann wird Gott auch als Schiedsrichter Ihr Leben abpfeifen", bemerkte ich scherzend. Den weltlichen Schiedsrichtern widersprach Overath oft. In den ersten Jahren seiner aktiven Fußballzeit verging kaum ein Spiel, bei dem sich der Heißsporn nicht lautstark über Entscheidungen des Schiedsrichters mokierte. „Hat Gott das Spiel Ihres Lebens nach Ihrer Ansicht immer richtig beurteilt?", wollte ich wissen. „Bei ihm kann ich mich nicht beklagen", antwortete Overath und fuhr fort: „Er hat es immer gut mit mir gemeint, auch wenn ich seine Führung manchmal nicht verstanden habe. Oft hat er einen berechtigten Grund gehabt, mich kräftig zu ermahnen, mir nicht nur die gelbe, sondern auch die rote Karte zu zeigen. Er hätte mich oft vom Platz stellen müssen, weil mein Leben als Christ und als Geschäftsmann nicht immer im Einklang mit seinen Vorstellungen steht; denn ich bin halt ein Mensch mit all seinen Fehlern. Ich habe mal ein Buch geschrieben mit dem Titel ‚Ja, mein Temperament'. Ich bin sehr impulsiv und habe viele Schwächen. Aber trotz meiner Proteste auf dem Fußballplatz bin ich nur einmal vom Platz gestellt worden. Dieser Platzverweis war ungerecht. Dafür hätte ich in anderen Spielen eigentlich die rote Karte bekommen müssen, wo ich unberechtigterweise weiterspielen durfte."

Mich interessierte, wie er mit seinen eigenen Schwächen und Gewissensbelastungen fertig wird.

„Meine selbstverbauten Wege schaufelt Gott immer wieder frei. Christus sagt zu mir: ‚Du bist zwar ein schwacher, sündiger Mensch, aber ich verzeihe dir.‘ Darin liegt die Stärke meines Glaubens."

„Mit Gott geht alles weiter"

Wie groß die Zahl seiner Fans war, beweist Overaths Abschiedsspiel mit der Weltmeisterschaftself von 1974 gegen den 1. FC Köln im Müngersdorfer Stadion vor 61.000 Zuschauern. Was fühlte er nach dem Schlusspfiff? „Ich bin nach Hause gegangen und habe dem Herrgott gedankt. Es war eine wunderbare Zeit. Er hat mir alles gegeben, vor allem jedoch mein Talent und Gesundheit. Ich habe Geld verdient, Freunde gewonnen und die Welt gesehen. Ich bin Realist und habe den richtigen Zeitpunkt zum Aufhören erkannt. Meinen Platz wollte ich freimachen für die jüngere Generation. Das ist der Lauf der Dinge. Damit muss ich mich abfinden."

Wenn Overath heute von seiner adoptierten Tochter Silvana sowie seinen Söhnen Sascha und Marco endgültig Abschied nehmen müsste, welchen Rat würde er ihnen mit auf den Weg geben? „Sorgt für ein harmonisches Familienleben und schafft Euch einen netten Freundeskreis. Seid strebsam und baut euch eine solide berufliche Existenz auf. Dazu gehört auch eine gewisse materielle Sicherheit. Das Wichtigste für euch ist aber der Glaube an Gott. Sonst ist das Leben letztlich sinnlos. Ihr müsst wissen, einer ist immer für euch da, wenn ihr an ihn glaubt. Mit ihm geht alles weiter."

BERTI VOGTS

„Das Standbein ist wichtiger als das Spielbein"

Die Fußballlegende Berti Vogts lernte ich in seiner Funktion als Bundestrainer der deutschen Nationalmannschaft kennen. Der Fußballweltmeister von 1974 ließ die Höhen und Tiefen seines wechselvollen Werdegangs Revue passieren. Zum Schluss bekannte der gewählte „Weltnationaltrainer" (1996): „Jesus ist mein Lebenselixier."

Berti Vogts gehört zum Urgestein der deutschen und auch der internationalen Fußballgeschichte des 20. Jahrhunderts. Als Vereinsspieler bei Borussia Mönchengladbach, als 96-facher deutscher Nationalspieler, als Fußballweltmeister 1974, als einflussreicher DFB-Trainer des Fußballnachwuchses, als Bundestrainer der Nationalmannschaft mit dem Gewinn der Europameisterschaft 1996 sowie als Nationaltrainer von Schottland, Aserbaidschan und Nigeria. Dreimal wurde er zum „Fußballer des Jahres" und zum „Mann des Jahres" sowie zum „Welttrainer des Jahres" gewählt. Für seine Verdienste wurde ihm u. a. das Bundesverdienstkreuz 1. Klasse verliehen. Und das alles wegen seiner genialen Fußballkunst und seiner standhaften Persönlichkeit.

Berti Vogts, Jupp Heynckes und Günter Netzer helfen einander

Berti Vogts (Jahrgang 1946) ist in die 70er gekommen und nimmt immer noch regen Anteil am aktuellen Fußballgeschehen. Besonders verbunden fühlt er sich mit seinem langjährigen Sportkollegen Jupp Heynckes, der als 72-Jähriger 2017 als Notfall-Trainer die Fußballprofis vom FC Bayern München wieder zusammengeschweißt hat und auf Erfolgskurs brachte.
Berti Vogts und Jupp Heynckes spielten insgesamt 13 Jahre lang zusammen – bei Borussia Mönchengladbach

und in der deutschen Nationalmannschaft. Sie wurden gemeinsam Weltmeister, Europameister, UEFA-Pokalsieger, Deutscher Meister und Pokalsieger. In seiner regelmäßigen Sportkolumne schrieb Vogts: „Wenn wir uns heute treffen, ob mit Jupp, Günter Netzer oder Rainer Bonhof, freuen wir uns immer. Wir haben gemeinsam viel für den deutschen Fußball geleistet. Man kann sich aufeinander verlassen, wenn es einem mal nicht gut geht. Man ist bereit, einander zu helfen.“

Das ungleiche Gespann Berti Vogts und Franz Beckenbauer dagegen löste manche Spannungen aus. Beide begannen ihre Bundesligakarrieren 1965. Sie wurden Welt- und Europameister und führten die Nationalmannschaft als Bundestrainer. Doch ihr Leben hätte unterschiedlicher kaum sein können. Während Beckenbauer zum Weltenbummler wurde und zu Cosmos New York wechselte, trug Vogts während seiner Zeit als Profi trotz verlockender Angebote aus dem Ausland immer die silberne Raute von Borussia Mönchengladbach auf der Brust und im Herzen.

Der Vollwaise und sein Ersatzvater

Berti Vogts, geboren im nordrhein-westfälischen Büttgen, verlor als Zwölfjähriger seine Mutter, ein Jahr später starb sein Vater. Der Pfarrer las dem trauernden Jungen noch am Grab die Leviten. Wäre der kleine Berti artiger gewesen, seine Eltern könnten noch leben. Vogts wuchs dann bei seiner Tante in bescheidenen Verhältnissen auf, machte nach der Volksschule eine Lehre als Werkzeugmacher. Trainer Hennes Weisweiler erkannte bei Borussia Mönchengladbach das Talent des Verteidigers und förderte ihn; manche Vertraute sahen ihn sogar als eine Art Ersatzvater für Vogts. Von 1965 bis 1979 absolvierte er 419 Bundesligaspiele für Mönchengladbach, wurde fünfmal Deutscher Meister, zweimal UEFA-Cup-Sieger. Sein größter Erfolg als Nationalspieler war der WM-Sieg 1974. In der Öffentlichkeit stand Vogts im Schatten der damaligen Lichtgestalt Franz Beckenbauer und sagte dazu: „Wenn der Franz übers Wasser läuft, sprechen alle von Gott. Wenn ich über das Wasser laufe, heißt es: Der kann ja nicht mal schwimmen."

Nach seiner aktiven Fußballerkarriere wurde Vogts zunächst von 1979 bis 1990 Nachwuchs- bzw. Jugendtrainer beim DFB, bevor er von 1990 bis 1998 das Amt des Bundestrainers übernahm und in dieser Zeit nach Joachim Löw und Helmut Schön die meisten Siege mit der deutschen Nationalelf errang.

Als Sportpfarrer im Gespräch
mit dem Bundestrainer

Als von der Europäischen Fußball Union (UEFA) ernannter Fußballpfarrer begleitete ich die deutsche Fußballnationalmannschaft 1992 zum Europa-Fußball-Meisterschaftsturnier nach Schweden. Deutschland verlor im Halbfinale gegen Schweden, und Bundestrainer Berti Vogts war der Schuldige. In dieser Sturm- und Drangperiode empfing mich der damalige Bundestrainer an einem goldenen Herbsttag in einem Luxushotel am Niederrhein. Nie vorher und nachher hatte der gläubige Katholik so offenherzig und überzeugend als Fußballtrainer über seinen christlichen Glauben gesprochen, seine Ausführungen sind nicht zeitgebunden

Bei der herzlichen Begrüßung beeindruckte mich sein fester Händedruck, der Entschlossenheit und Selbstvertrauen, Zielstrebigkeit und Tatendrang signalisierte. Mutig, aber zeitweise ohne Fortune steuerte er das Schiff der Nationalmannschaft um alle Klippen herum, auch wenn es manchmal Schlagseite hatte. Der eigenwillige Bundestrainer traf oft radikale Entscheidungen gegen die lautstarke Presselobby, aber mit der stillschweigenden Mehrheit der Bevölkerung.

Die Lichtmaschine für den Leuchtturm

Dass Deutschland wiederholt Fußballweltmeister wurde, ist auch Berti Vogts geschuldet. Mit Recht kann er darauf verweisen, dass er bei drei Weltmeisterschaften als Spieler und bei drei weiteren Weltmeisterschaften als Co-Trainer dabei war. Vielfach unbeachtet bleibt oft, dass die meisten Spieler der Weltmeisterelf von Italien (1990) von dem langjährigen Jugend- und Junioren-DFB-Trainer Berti Vogts entdeckt, gefördert oder geprägt worden sind, wie Vogts selbst betonte. Seit 1979 habe er wohl 5000 talentierte Jugendliche spielen sehen. Sportreporter Jürgen Leinemann fragte einmal sehr treffend, ob Berti Vogts der geheime Sieger von Italien gewesen sei, die zuverlässige Lichtmaschine für den Leuchtturm Franz Beckenbauer. Der Vergleich, Franz Beckenbauer sei ein Mercedes und er ein Volkswagen, kommentierte Vogts: „VW war und ist deutsche Wertarbeit. Darauf bin ich sogar stolz." Seine Arbeit auf dem Fußballplatz verglich er mit seiner ehemaligen beruflichen Tätigkeit an der Werkbank, wo er an einem Stück so lange herumfeilte, bis es endlich hinhaute. Sein Meisterstück gelang ihm.

Als Kapitän der DFB-Elf total enttäuscht

Ich sprach Vogts auf ein dunkles Kapitel in seiner Fußballkarriere an. 1978 trat er die Nachfolge von Franz Beckenbauer als Kapitän der deutschen Nationalmannschaft beim Weltmeisterschaftsturnier in Argentinien an. Die deutsche Mannschaft spielte miserabel, und der damals 30-jährige autoritätsfixierte Mönchengladbacher war der konfliktgeladenen Aufgabe, elf eigenwillige Spielerpersönlichkeiten zusammenzuhalten, kaum gewachsen. Er scheiterte an seiner Gutwilligkeit und unterschätzte die Intrigen und Rivalitäten seiner

Mitspieler. Dies sei für ihn ein wichtiges Erlebnis gewesen und vielleicht noch ein Fingerzeig vom lieben Gott, der ihm die Augen für die Wirklichkeit geöffnet habe. Sechs Jahre später bei der Weltmeisterschaft 1994 in den USA sei es zu ganz ähnlichen Erscheinungen im deutschen Team nach dem frühzeitigen Ausscheiden gekommen. Bis 1978 habe er nur im Sonnenschein gelebt, dann aber habe es kräftig gedonnert und geblitzt, und alles sei auf ihn niedergeprasselt.

Ein heilsamer Kälteschock, wie Vogts rückblickend meinte. Der Bundestrainer erwähnte nicht seine damaligen Monate andauernden Verletzungen, die ihn fast zum Fußballinvaliden gemacht hätten, sondern sprach nur von seelischen Verletzungen und Enttäuschungen mit Menschen in seiner nächsten Umgebung: „Solange es mir gutging, haben manche Freunde zu mir gehalten. Aber danach – auf dem Tiefpunkt meines Lebens –, verließ mich einer nach dem anderen. Jetzt, wo ich wieder einen Platz an der Sonne habe, kommen sie wieder. Ich bin zwar freundlich zu ihnen, aber auf Abstand und abwartend."

Nationalspieler stehen im Rampenlicht

In seiner Jugendzeit habe ihn besonders der Fußballtrainer Hennes Weisweiler geprägt, sagte der Bundestrainer respektvoll und verwies auf andere ehemalige Mannschaftskameraden wie Günter Netzer und Jupp

Heynckes, die Weisweiler zu Spieler- und Trainerpersönlichkeiten formte. Wie wird aber ein Spitzenfußballer mit seinen Konflikten fertig? Die von Berti Vogts betreuten Nationalspieler stehen ständig im Rampenlicht und dürfen keine Schwächen zeigen. Der Bundestrainer meinte, gerade ein vielbeachteter Spitzensportler müsse in seinem Freundes- und Familienkreis immer wieder neue Kraft tanken, sonst würde er dem Leistungsdruck nicht gewachsen sein.

Der anwesende DFB-Pressechef und spätere DFB-Präsident Wolfgang Niersbach schaltete sich in unser Gespräch ein: „Die Reporter fallen über die Spieler her, fotografieren sie bei jedem Schluck Wasser, beobachten jede Handbewegung und fangen jeden Wortfetzen ein, der dann tags darauf in der Zeitung steht. Die Medien kennen ja nur die Schwarz-Weiß-Malerei. Da geht es nur hoch und runter. Erst Kreisklasse und dann Weltklasse und umgekehrt. Aber die meisten Dinge des Lebens sind grau, nicht schwarz oder weiß. Wehe, wenn die Spieler der sensationslüsternen Presse zum Opfer fallen, dann ist guter Rat teuer und die Gelassenheit dahin."

Gottesdienst für Fußballprofis

Berti Vogts könne die Spitzenspieler verstehen, wenn sie sich scheuten, ihr Innenleben zu offenbaren oder über das zu sprechen, was sie letztlich bewegte: „Das gesellschaftliche Umfeld übt einen so starken Einfluss auf die Spieler aus und lässt sie nur das sagen, was eben gesellschaftsfähig ist. Sie können es sich manchmal nicht leisten, das zu sagen, was sie wirklich glauben, sonst kommen sie in die Schlagzeilen."

Berti Vogts hält viel von psychologischer und religiöser Betreuung. Im Rahmen der Fußballlehrgänge für die Junioren-Nationalspieler würde jährlich im Wechsel mal ein katholischer, mal ein evangelischer Gottesdienst angeboten. Bei den Weltmeisterschaften 1970 und 1974 habe sogar ein Geistlicher die deutsche Fußballnationalmannschaft betreut. „Natürlich wäre es ideal, wenn wir bei jedem Länderspiel einen Geistlichen dabeihätten", sagte Vogts. „Aber bei der kurzen Spielvorbereitung von drei Tagen kann sich ein Geistlicher kaum auf den Charaktertyp jedes einzelnen Spielers einstellen. Außerdem kommt jeder mit einer anderen Erwartung und Grundstimmung. Der eine ist deprimiert und der andere in einer Hochstimmung. Für mich als Trainer sind diese unterschiedlichen Welten immer wieder eine neue Herausforderung."

Heilsamer Konkurrenzkampf

Berti Vogts war immer mit dem Herzen bei der Sache. Deshalb kritisiert er die mangelnde Spielfreude mancher Bundesligamannschaften: „Bewundernswert ist die Spielfreude in Italien gewesen. Da breitet sich eine

Festtagsstimmung in den Fußballstadien aus. Vielleicht liegt es auch daran, dass am Sonntagmorgen oft die ganze Familie in die Kirche und nach dem gemeinsamen Mittagessen zum Fußballspiel geht. Die Spielfreude springt wie ein Funke auf die Zuschauer über. Bei uns sind die Fußballspieler oft zu cool und orientieren sich nur am Ergebnis. Es breitet sich deshalb hier eine satte Genügsamkeit aus, weil sie darüber hinaus nicht allzu viel tun. Es steckt aber viel mehr in ihnen drin."

Doch genügsame Mannschaften brauchten manchmal einen aggressiveren Führungsstil, wie ihn sein ehemaliger Trainer Udo Lattek praktiziert habe. Zuweilen müsse man lasche und unmotivierte Spieler regelrecht provozieren und einen heilsamen Konkurrenzkampf mit ihren Mannschaften zulassen, um das Beste aus ihnen herauszuholen.

Ich gab Berti Vogts zu bedenken, dass mir bewusst christliche Spitzenfußballer einhellig versichert hätten: Seitdem Gott und nicht mehr Fußball ihr Leben bestimme, spielten sie gelöster, in der Regel mit heiterer Gelassenheit und nicht mehr so verbissen, als ob die Ewigkeit davon abhänge. Und dann zitierte ich noch den ehemaligen belgischen Nationstorwart Jean-Marie Pfaff, der mir nach seiner Wahl zum besten Torwart der Welt gesagt hat: „Wichtiger als Fußball sind mein Gottvertrauen und meine Familie."

„Ich bin ein gläubiger Katholik"

„Was Jean-Marie Pfaff sagt, ist auch meine Lebens-
einstellung", bekannte Berti Vogts und machte keinen
Hehl daraus, dass er es als Bundestrainer immer noch
schwer habe, als Nachfolger von Beckenbauer die hohen Erwartungen der Fußballfans zu erfüllen: „Ich weiß
genau, wenn die Massenmedien meine Ablösung for-
dern, klammere ich mich nicht an meinen Trainerstuhl.
Dann werde ich gehen. Aber ich werde nicht irgendwo
hinfallen, sondern werde mich geborgen wissen von
Gott durch mein Urvertrauen. Dann werde ich neue
Kräfte sammeln, um andere Aufgaben zu übernehmen." Mir fiel ein Vergleich ein: „Ist Ihr Spielbein das
Bundestraineramt und ihr Standbein Ihr Gottvertrau-
en?" Berti Vogts fand sich in diesem Bild wieder und
kommentierte sein Standbein: „Ich bin ein gläubiger
Katholik. Und wenn ich meine, ich sollte zur Kirche gehen, dann tue ich es. Es überrascht mich immer wieder,
warum die Leute das so komisch finden. Ebenso merkwürdig war es, als wir während des Fußballweltmeister-
schaftsturniers in Italien mit den Spielern zum Gottesdienst gingen und sich die Reporter auf uns stürzten,
als seien wir Exoten." Man könne verstehen, dass sich
Spieler und Trainer bei diesem erbarmungslosen Me-
dienspektakel in der Öffentlichkeit ziemlich zugeknöpft
geben und sich nicht total öffnen wollen, formulierte es
der Bundestrainer.
Wie die Boulevardpresse nach Misserfolgen den da-

maligen Bundestrainer Jupp Derwall attackierte, das wollte sich Berti Vogts nicht gefallen lassen. Jupp Derwall sei als Bundestrainer zu blauäugig gewesen, indem er glaubte, wenn man den erwachsenen Nationalspielern mehr Freiheiten einräume und kumpelhaft mit ihnen umgehe, würden sie auch mehr Verantwortung übernehmen. Der Bundestrainer meinte, er müsse als Autoritätsperson eine gewisse Distanz wahren und strebe ein freundschaftliches, aber diszipliniertes Verhältnis zu seinen Nationalspielern an. Er wird von den Spielern mit „Trainer" und „Sie" angeredet.

„Jesus ist mein Lebenselixier"

Trotz schockierender Enttäuschungen mit Menschen im Sportbereich und anderswo glaubt Berti Vogts immer noch an das Gute im Menschen. Sein Vorbild ist Helmut Schön, unter dessen Regie er all seine 96 Länderspiele bestritt. Berti Vogts, der mit 14 Jahren Vollwaise wurde, bewundert auch heute noch die Menschlichkeit seines langjährigen Bundestrainers. „Er hat keinen seiner Spieler im Stich gelassen und jeden gestützt, der ein Tief hatte. Ihm ist kein Weg zu weit gewesen."
Den Orientierungsrahmen für sein menschliches Handeln findet Vogts in der Bibel, im Evangelium. „Jesus ist die Seele meines Glaubens", teilte er mir mutig mit und fügte hinzu: „Ich habe dies schon mal 1978 gesagt und ziemliche Verwirrung in der Öffentlichkeit ausgelöst. Ich

hoffe nicht, dass ich deshalb wieder gekreuzigt werde. Aber man muss als Christ schon gewisse Dinge über sich ergehen lassen."

„Jesus ist mein Lebenselixier", legte er unpathetisch nach und schaute dabei kritisch auf Wolfgang Niersbach, der neben ihm saß. „Das wäre eine Schlagzeile für die Bildzeitung", sagte er. „Aber schreiben Sie das ruhig. Ich stehe dazu. Wer sich ein bisschen näher mit der Lebensgeschichte Jesu beschäftigt, wird sehr schnell herausfinden, dass er das Beste für den Menschen herausholen wollte. Unsägliche Opfer und Demütigungen hat er auf sich genommen, um den Menschen zu helfen."

„Mensch, ich bin dir gut"

„Was passiert, wenn Jesus im Fußballstadion ins Spiel kommt?", fragte ich spontan. „Wer sich intensiv mit Jesus beschäftigt, kann nicht mehr mit gutem Gewissen unfair spielen. Aber dies ist in unserer Zeit, wo man manchmal aggressiv sein muss, nicht so leicht zu praktizieren. Wie wir aus den Evangelien wissen, ist Jesus immer auf das Gute bedacht gewesen. Er hat geholfen, wo Not am Mann war. Er hat Menschen gesegnet, die von der Gesellschaft verachtet wurden. Er hat geliebt und nicht verdammt. Als die Pharisäer die Ehebrecherin steinigen wollten, hat Jesus gesagt: ‚Wer von euch ohne Sünde ist, der werfe den ersten Stein.'"

Der Bundestrainer atmete tief durch und sagte nach kurzer Bedenkzeit: „Es gibt nur wenige Menschen, die sich leisten können, nach diesen christlichen Maßstäben zu handeln. Dazu gehört nicht nur Mut, sondern auch eine überragende berufliche Qualifikation. Daraus erwächst wieder eine Souveränität, um über gewissen Dingen stehen zu können und gegen den Strom zu schwimmen."

Vorsichtig fragte ich, ob er nicht manchmal belächelt werde, wenn er sich bemühe, immer wieder auch das Gute im Menschen zu sehen. „Ich kann damit leben", erwiderte er selbstbewusst, auch wenn man mir zeitweise eine gewisse Blauäugigkeit vorwirft, weil ich versuche, dem Menschen gut zu sein." „Und wenn Sie enttäuscht werden?", hake ich nach. „Damit muss ich fertig werden. Jeder Mensch wird enttäuscht und andere enttäuschen. Dafür ist er Mensch. Wir sind – Gott sei Dank – keine Maschinen. Das ist eigentlich das Schöne am Menschen. Er ist nicht fehlerlos und darum kann er auch versagen."

Für Vogts lautet der Kern der Frohen Botschaft von Jesus: „Mensch, ich bin dir gut." Er lebt aus der Vergebung.

Kirche muss in die Offensive

Und welche Strategie würde der Prediger der kreativen Offensive den deutschen Pfarrern vermitteln, wenn er

„diese kirchliche Mannschaft" auf einen Wettkampf vorbereiten müsste? Als ob der engagierte Christ schon häufiger darüber nachgedacht hätte, schoss es aus ihm heraus: „Die Pfarrer sollten alles tun, um die Jugend in die Kirche zurückzubringen. Natürlich darf man sie nicht unter Druck setzen. Christen müssen ihren Glauben im Alltag vorleben und attraktiv machen. Die Kirche muss endlich in die Offensive gehen und die Christusbotschaft zeitgerecht verkündigen. Für Frieden, Gerechtigkeit und Bewahrung der Schöpfung in den Kampf ziehen sowie die Sinn- und Gottesfrage anhand der Bibel lebensnah beantworten."

Wir verließen das Hotel und standen am Rheinufer. Der engagierte Naturschützer sagte, er freue sich, dass es wieder Fische im Rhein gäbe, die auch gegen den Strom schwimmen könnten; denn nur tote Fische schwimmen immer mit dem Strom. Und während die Rheinschiffe an uns vorbeiziehen, fiel mir unser Lebensschiff ein, das einmal am anderen Ufer anlegen wird, jenseits unserer sichtbaren Wirklichkeit. „Ich empfinde mein jetziges Leben als schönes Geschenk", gestand der Bundestrainer. „Eigentlich habe ich nur Geschenke erhalten. Aber das Geschenk des ewigen Lebens ist noch nicht eingelöst. Ich habe keine Angst vor dem Tod", sagte er. „Das Leben geht weiter. Davon bin ich fest überzeugt."

Mit Eilschritten hastete der emsige Fußballtrainer zu seinem Dienstwagen, weil der nächste Termin schon auf ihn wartete. Aber nicht der Mercedes-Stern, sondern der Stern von Bethlehem sei der gute Stern für ihn auf allen Straßen dieser Welt, die schließlich in der Ewigkeit enden.

Seinen Höhepunkt als Bundestrainer erreichte Berti Vogts mit dem Gewinn der Europameisterschaft 1996 in England. Im ausverkauften Wembley-Stadion hatte er sich nach dem Sieg dreimal vor den begeisterten deutschen Fans verbeugt. Ein euphorischer dankbarer Augenblick für den krisengeschüttelten Berti Vogts, dessen Spielbein der Bundestrainer-Job und sein Standbein Jesus ist, die Seele seines Glaubens.

BUM-KUN CHA

Wie der erste ausländische Bundesligaspieler seinen ärgsten Feind zum Freund machte

Der zum „besten asiatischen Fußballer des Jahrhunderts" gewählte Südkoreaner Bum-kun Cha hat die Bundesliga zehn Jahre lang (1979–1989) ungemein bereichert. Mit Eintracht Frankfurt und Bayer 04 Leverkusen wurde der „gefährlichste Torjäger" UEFA-Pokal-Sieger. Aufsehen erregte der bekennende Christ, weil er auf eine Strafanzeige gegen einen Spieler wegen eines bösen Fouls verzichtete, mit dem er später in derselben Mannschaft spielte und sein Freund wurde. Der erste ausländische Bundesligaspieler und ehemalige Buddhist war nach Deutschland gekommen, „um Gott groß zu machen".

Ein ganzes Jahrzehnt (1979–1989) lehrte „Asiens bester Fußballspieler des 20. Jahrhunderts" (Asian Football Confederation), der Südkoreaner Bum-kun Cha, gegnerischen Bundesligamannschaften das Fürchten, denn der erste nichteuropäische Fußballspieler, der als bisher einziger Spieler mit zwei Fußballklubs, mit Eintracht Frankfurt und Bayer 04 Leverkusen, Europa-Cup-Sieger wurde, faszinierte durch seine unnachahmliche Spielweise mit Torinstinkt die Fußballfans. Für Südkorea bestritt Bum-kun Cha 127 Länderspiele und schoss 55 Tore. In 308 Bundesligaspielen erzielte er 98 Treffer. Im Anschluss an seine aktive Karriere erwarb er die Trainerlizenz an der Kölner Sporthochschule. In der Folgezeit trainierte Cha namhafte Erstligamannschaften in China und in seiner Heimat, auch die südkoreanische Fußballnationalmannschaft, die sich für die Weltmeisterschaft in Frankreich qualifizieren konnte. Als Fußball-Experte für den Sender Seoul Broadcasting System (SBS) ist Chas Fachwissen heute sehr gefragt. Besonders liegt ihm die von ihm 1990 gegründete Fußballschule „Cha Bum-kun School Of Football" am Herzen.

Der Fußballheld in Südkorea

Seinen freundschaftlichen Kontakt mit Deutschland pflegt er zusammen mit seiner Frau Un-Mi zweimal jährlich. Wir haben uns 2017 zuletzt gesprochen. Der inzwischen 60-jährige Südkoreaner ist seit Januar 2013 als Abbild einer der zwölf Säulen von Eintracht Frankfurt in der U-Bahnstation Willy-Brandt-Platz in Frankfurt zu bewundern. Nicht nur für die Frankfurter Fußballfans ist die asiatische Fußballlegende in Deutschland unvergessen.

„Der Fußballheiland kam zur richtigen Zeit"

Selbst für das Nachrichtenmagazin „Der Spiegel" (Nr. 38/1979) war die erste Stippvisite des Südkoreaners in Deutschland ein „historischer Augenblick". Da hieß es: „Der Fußballheiland kam zur richtigen Zeit und am rechten Fleck zur Erde nieder. Es war Heiligabend 1978, und der Düsenjet landete dort, wo der Sportverein Darmstadt 98 verzweifelt gegen den Abstieg aus der Bundesliga kämpfte. Die Fußballfans skandierten ‚Cha, Cha, Bum, Bum'. (…) Drei Tage später besiegte Darmstadt den VfL Bochum 3 : 1. (…) Für Cha fuhr im Hotel ein Mercedes vor. Geld und Sachspenden flossen – zu spät. Der fromme Stürmer, für den es ohne Gott keinen Fußball gibt, verschwand nach Südkorea. Als Obergefreiter der Luftwaffe schuldete er dem fernen Vaterland noch fünf Monate Waffendienst. Ohne den koreanischen Außenstürmer stieg Darmstadt ab. Aber Nachbar Eintracht Frankfurt blieb mit dem Fernost-Bomber in Kontakt. Für 200.000 Mark Handgeld unterschrieb der Südkoreaner einen Zweijahresvertrag. ‚Ganz Europa beneidet uns um diesen Mann', jubelte Eintracht Frankfurt-Trainer

Friedel Rausch." Und mit seiner Begeisterung sollte er recht behalten.

„Cha gleicht einem wilden Pferd, das durch die Wüste galoppiert"

Meine persönliche Beziehung zu Cha begann mit einem Telefonanruf von Dettmar Cramer, dem „Napoleon" des internationalen Fußballsports und dem damaligen Trainer von Bayer 04 Leverkusen. Cramer war voll des Lobes über sein „Juwel". Cha wäre geradlinig, charakterstark, teamfähig und zielstrebig, sein Glaube beeindruckend, und vor jeder Mahlzeit würde er seine Hände falten. Cha war zu diesem Zeitpunkt erst vier Wochen in Leverkusen und mir schien, als hätten alle auf ihn gewartet: Trainer, Vereinsvorstand, Spieler und Fans.

Der südkoreanische Nationalspieler berichtete von den Qualifikationsspielen für die Teilnahme an der Weltmeisterschaft 1978 in Argentinien: „Im Frühjahr 1977 besiegten wir noch Japan und Israel. Und unsere Mannschaft ging sehr zuversichtlich in die weiteren Ausscheidungsspiele. Im Sommer wurden meine jahrelangen Kniebeschwerden trotz intensiver Behandlungen im Krankenhaus immer unerträglicher. Als ‚Asiens Nr. 1-Torjäger', wie mich seit Jahren die Reporter nannten, wollte der Trainer auf meinen Einsatz um keinen Preis verzichten, obwohl ich nur noch unter großen Schmerzen laufen konnte und vor jedem Spiel eine schmerzstillende Spritze bekam. Im Oktober traten wir gegen Kuwait an. Trotz großer Kniebeschwerden brachte ich es aber nicht fertig, meine Mannschaft in diesem entscheidenden Match im Stich zu lassen. Ich war in einem furchtbaren Zwiespalt und kam mir vor wie ein Schiffswrack im Ozean. Mit schlotternden Knien und einem verzagten Herzen ging ich in dieses Spiel. Oft lief ich im Alleingang auf das gegnerische Tor zu. In den Sportreportagen hörte sich das so an: ‚Cha gleicht einem wilden Pferd, das durch die Wüste galoppiert'. Aber an diesem Tag lief ich langsamer als ein Esel und war alles andere als ein menschliches Phantom, wie die Reporter mich manchmal bezeichneten. Ich hatte entsetzliche Schmerzen. Jede Sekunde auf dem Spielfeld schien mir länger zu dauern als viele Jahre. Nach der Halbzeit humpelte ich über den Platz, aber mein Trainer dachte nicht daran, mich auszuwechseln."

Diagnose: Unheilbare Knieverletzung

„Nach dem Spiel fuhren meine Frau und ich sofort in das Universitätshospital Woo Sok, und ich ließ mich vom Chefarzt Dr. Lee Hong Kon gründlich untersuchen. Seine Diagnose war niederschmetternd: ‚Wahrscheinlich müssen Sie Ihre Fußballkarriere beenden; denn Sie hätten sich längst gründlich behandeln lassen müssen. Eine Operation zu diesem Zeitpunkt ist zu riskant. Sie kommen zu spät.'

Völlig verzweifelt verließ ich das Hospital. Ich torkelte durch die dunklen Straßen und versuchte mich mit dem Gedanken vertraut zu machen, die Fußballschuhe an den Nagel zu hängen. Aber zugleich fühlte ich, dass ich ohne meinen geliebten Fußball nicht leben könnte. Meine Frau ging hinter mir her und weinte vor sich hin. Sie betete beständig für meine Gesundheit. Aber ich war davon überzeugt, dass ein Arzt und nicht Gott dafür zuständig war. Als die Massenmedien über meine folgenschwere Knieverletzung berichteten, waren die Fußballfans geschockt. Sie überschütteten mich mit Trostbriefen und guten Ratschlägen. Aber es half nichts. Die Schmerzen wurden immer schlimmer, und die Ärzte waren hilflos."

Wenn der Schöpfer eingreift

Doch dann geschah ein Wunder, das für Cha bis heute unbegreiflich ist.

Während seines Sportstudiums an der Universität in Seoul kam der gebürtige Buddhist mit einer christlichen Sportler-Missionsgruppe in Kontakt, ohne jedoch vom christlichen Glauben innerlich ergriffen zu werden. Später begleitete er seine gläubige Ehefrau hin und wieder zur Kirche. Kurz vor Weihnachten 1977 kam es zur entscheidenden Lebenswende. Cha erzählte: „In meiner aussichtslosen sportlichen Situation besuchte uns eine Schulfreundin meiner Frau, die aktive Mitarbeiterin in ihrer Kirche ist. Heute weiß ich, dass Gott sie zu mir geschickt hat. In einem verständnisvollen und ruhigen Ton machte sie mir bewusst, dass wir Menschen Gottes Geschöpfe sind und unser Schöpfer imstande ist, Unmögliches möglich zu machen. Allerdings müssten wir mit ihm leben und an ihn glauben. Wenn wir uns vertrauensvoll ihm zuwenden, könnte Gott sogar mein Knie heilen. Während unseres Gespräches kam unerwartet Pastor Lee Kwang Hoon von der Sportler-Mission vorbei und betete mit Handauflegung über mir. Da löste sich plötzlich meine Zunge, und ich konnte zum ersten Mal in meinem Leben von Herzen mit Gott sprechen. Merkwürdig, ein Wärmestrom durchfuhr meinen ganzen Körper. Sie fingen an, für mich zu beten. Während ich mit Gott sprach, brannte mein ganzer Körper und spontan schrie es aus mir heraus: ‚Ich glaube.' Als wir aufhörten zu beten, glich mein Körper einem klaren, stillen See. Es war meine erste geheimnisvolle Erfahrung, und ein tiefer Friede erfüllte mich. Nach dieser wunderbaren Erfahrung verabredete ich mich mit Pastor Lee Chun Sok. Im starken Glauben, dass Gott auch mein linkes Knie heilen konnte, kniete ich nieder. Unter dem Gebet des Pastors im Namen Jesu passierte das unerklärliche Wunder: Eine heilende Kraft erfasste mein krankes Knie. Ich war so überwältigt von Glück und Freude, dass ich weinte, nicht wegen des geheilten Beines, sondern weil ich Gottes Gegenwart erleben durfte. Der Schmerz war gänzlich verschwunden. Ich konnte mein Knie beugen, ausstrecken und mühelos laufen. Was immer ich auch mit dem Knie tat, es war vollständig geheilt. Dies war das schönste Weihnachtsgeschenk, das ich je bekomme habe."

Nach vielen Gebeten verspürte Bum-kun Cha den Auftrag, im besten Fußballland der Welt, und das war für ihn Deutschland, als Fußballprofi Gott groß zu machen. Cha fasste sich in diesem Moment an den Kopf und gestand mir: „Meine Sportkameraden und Freunde hielten mich für verrückt. In Deutschland gäbe es genug gute Spieler, wie man es jeden Montag im koreanischen Fernsehen beobachten könne."

Dennoch ließ sich der erfolgreichste südkoreanische Fußballnationalspieler nicht irre machen und wechselte – wie bereits erwähnt – nach einem kurzen Intermezzo zu Darmstadt 98 und dann zu Eintracht Frankfurt, wo er von 1979 bis 1983 als Profi unter Vertrag stand. Mit seinem unwiderstehlichen Tordrang und kämpferischen Einsatz spielte sich Cha in die Herzen der Eintracht-Fans, die ihn wegen seiner hohen Fußballkunst und wegen seines christlichen Glaubens bald den „lieben Gott vom Riederwald" nennen sollten.

„Todeskommando Cha"

Zum Eklat kam es im Bundeligaspiel Eintracht Frankfurt gegen Bayer Leverkusen im Leverkusener Haberland-Stadion. In der zwölften Spielminute musste Cha nach einem brutalen Foul des Leverkusener Liberos

Jürgen Gelsdorf schwerverletzt vom Platz getragen werden. Mit einem Bruch des Querfortsatzes am zweiten Lendenwirbel und einer schweren Nierenprellung kam er ins Krankenhaus. Schlimmes ahnend hatte der Frankfurter Trainer noch vor dem Match seine Spieler ermahnt: „Spielt nur den Cha nicht an, wenn ein gegnerischer Spieler hinter ihm steht. Der haut ihn um." Die wutentbrannten Frankfurter Fans wollten sich an Gelsdorf rächen. So meldete sich ein „Todeskommando Cha" in der Geschäftsstelle von Bayer 04 Leverkusen mit der Kampfansage: „Wir machen den Gelsdorf fertig." Der Leverkusener Spieler musste wochenlang unter Polizeischutz gestellt werden.

Nicht Hass, sondern Vergebung

Für Bum-kun Cha schien die Fußballkarriere endgültig beendet zu sein. Die Ärzte machten ihm wenig Hoffnung. Im Krankenhaus drängte der aufgebrachte Vereinsvorstand von Eintracht Frankfurt den Schwerverletzten dazu, Strafanzeige gegen Gelsdorf zu stellen. Aber der koreanische Christ weigerte sich energisch und einigte sich mit dem Präsidium von Eintracht Frankfurt auf folgende Pressemeldung: „Bum-kun Cha (…) lehnt es (…) ab, Strafanzeige gegen Gelsdorf zu stellen. Dies sei mit seiner christlichen Überzeugung, die nicht Hass, sondern Vergebung fordert, nicht zu vereinbaren."

Wie durch ein (zweites) Wunder stand Cha wider Erwarten nach monatelanger Pause wieder auf dem Spielfeld. Wäre sein Glaube an Gott ins Wanken gekommen, wenn er aufgrund dieser schweren Verletzung niemals mehr hätte Fußball spielen können? Er antwortete ohne Zögern. „Auch wenn meine Fußballkarriere zu Ende gewesen wäre, hätte ich Gott die Treue gehalten. Ihm habe ich alles zu verdanken."

Nach seiner Genesung musste der koreanische Tiger wieder in die Höhle des Löwen, nämlich im Haberland-Stadion gegen Bayer 04 Leverkusen spielen. Sein Gegenspieler sollte wiederum Jürgen Gelsdorf sein. Und wie verhielt er sich Gelsdorf gegenüber? „Ich bin auf ihn zugegangen und habe ihm die Hand zur Versöhnung gereicht. Dabei dachte ich an Jesus, der auch nicht zurückgeschlagen hätte. Keiner ist ohne Fehler, ich auch nicht." Das gefürchtete Duell Cha gegen Gelsdorf blieb aus, aber der Koreaner wurde 15 Minuten vor Spielschluss erneut verletzt, sodass er mit schmerzverzerrtem Gesicht das Spielfeld verlassen musste und unter den unbarmherzigen Buhrufen der Leverkusener Fans in die Umkleidekabine humpelte. „Schauspieler!", rufen ihm die Zuschauer zu. Sie sind wütend, weil ihr Spieler wegen des Fouls vom Platz gestellt wurde und Cha ein Tor für Eintracht Frankfurt geschossen hat.

„Gott will mich nach Leverkusen bringen"

Hat Cha sich je träumen lassen, einmal als gefeierter Superstar im Trikot von Bayer 04 Leverkusen zu spielen? „Alles andere, nur das nicht", antwortete er aus verständlichen Gründen. Und doch ist es dazu gekommen. Die hochverschuldete Frankfurter Eintracht musste aus finanziellen Gründen ihren besten Stürmer im Sommer 1983 für eine Ablösesumme von einer Million Mark verkaufen. Italienische und spanische Spitzenklubs hätten liebend gern die hohe Summe gezahlt und boten Cha ein Jahresgehalt von einer halben Million Mark mit Haus und diversen Vergünstigungen an. Auch deutsche Vereine bekundeten ihr Interesse, vor allem Bayer 04 Leverkusen. Bum-kun Cha hatte ein ganz schlechtes Gefühl, als der Trainer Dettmar Cramer von Bayer 04 Leverkusen anrief. Mit Gelsdorf in derselben Mannschaft spielen und ausgerechnet vor einem Publikum, das ihn erbarmungslos ausgepfiffen hatte? Unmöglich! Dennoch betete er um klare Führung und unterhielt sich auch mit anderen Christen darüber, bis er schweren Herzens erkannte: „Gott will mich nach Leverkusen bringen. Nicht ich habe entschieden, sondern Gott hat mich umgestimmt. Das ist für mich wieder ein Wunder und vielleicht auch für einige ungläubige Menschen, die mir vorwarfen, ich würde nur nach dem Geld schielen und die lukrativen Angebote aus dem Ausland vorziehen."

Gestern noch ausgebuht, später umjubelt

In großer Aufmachung kündigte der „Stadionkurier" von Bayer 04 Leverkusen die Premiere des Südkoreaners an: „Bum-kun Cha: erstes Heimspiel im Bayer-Trikot! Sportfreunde, helfen Sie Bum-kun Cha beim Start in seinem neuen Heimstadion." Nach dem Spiel las ich im Sportteil der Tageszeitung „Die Welt" am 22. August 1983: „So kann es gehen, wenn einer nur mal das Hemd wechselt. Vor Jahr und Tag wurde der koreanische Fußballprofi Bum-kun Cha im Trikot der Frankfurter Eintracht als ‚Schauspieler' beschimpft. Jetzt, da er für gut und gerne eine Million DM in den Dress mit dem Bayer-Kreuz geschlüpft ist, feierten ihn dieselben Leute auf der Tribüne wie einen König, als er sein zweites Tor zum Sieg über den 1. FC Nürnberg beigesteuert hatte."

Wie das erste Zusammentreffen mit dem neuen Vereinskameraden Jürgen Gelsdorf verlaufen war, wollte ich von Cha wissen. „Ich bin auf ihn zugegangen und habe ihm noch einmal die Hand zur Versöhnung gereicht. Über sein brutales Foul, das fast meine Fußballkarriere beendet hätte, haben wir nicht mehr gesprochen. Inzwischen sind wir sehr gute Freunde. Das gilt auch für unsere Familien."

Die Bibel als Wegweiser

Woher er immer wieder die Kraft nimmt, über seinen eigenen Schatten zu springen, Böses mit Gutem zu vergelten und mit Enttäuschungen fertig zu werden, wollte ich von Cha wissen.

„Jeden Tag lese ich in der Bibel, die für mich ein Wegweiser ist. Was Menschen mit Gott vor Jahrtausenden erlebt haben, gilt immer noch. Mein ganzes Vertrauen setze ich auf meinen Erlöser und besten Freund Jesus Christus, von dem die Bibel sagt, dass er gestern, heute und in alle Ewigkeit derselbe bleiben wird. Seine Botschaft gibt mir Kraft und tröstet mich. Und da gibt es meine Kirche, in der ich mit Christen zusammenkomme und Gottesdienst feiern kann. Mein ganzes Leben ist ein Wunder der unverdienten Liebe Gottes."

Bei meinem letzten Besuch in seinem Leverkusener Bungalow wollte ich von ihm wissen, welche Bibelverse ihn in den letzten Tagen beschäftigt hatten. Cha nennt das Johannes-Evangelium. Beeindruckt hätte ihn die Geschichte von den fünftausend Menschen, die Jesus satt gemacht hat. Jesus hätte auch seinen Lebenshunger gestillt.

Höhepunkt der Fußballkarriere: UEFA-Cup

Den Höhepunkt und zugleich das Ende seiner außergewöhnlichen Fußballkarriere in Deutschland erlebte

Bum-kun Cha als UEFA-Cup-Gewinner mit Bayer 04 Leverkusen. Um diese begehrte Trophäe kämpften jedes Jahr die 64 besten Fußballmannschaften aus 32 europäischen Ländern (seit 2004/2005 und 2008/2009 geänderter Spielmodus). 1980 wurde Cha mit Eintracht Frankfurt und 1988 mit Bayer 04 Leverkusen UEFA-Cup-Sieger. Dabei schoss er zehn Tore.

Unvergessen bleibt sein spielentscheidendes Kopfballtor im Endspiel seiner Mannschaft Bayer 04 Leverkusen gegen Espanyol Barcelona im ausverkauften Haberland-Stadion am 18. Mai 1988. Ganz Fußball-Deutschland verfolgte am Fernsehschirm das dramatische Spiel. Während Bum-kun Cha den begehrten Pokal triumphierend in den Nachthimmel streckte, kommentierte der Fernsehreporter: „Cha ist ein sympathischer Sportler und ein gläubiger Christ."

Bum-kun Cha hat seine Mission in Deutschland erfüllt. Die Bundesligamannschaften Bayer 04 Leverkusen sowie Eintracht Frankfurt verdanken ihren größten Triumph, nämlich den UEFA-Pokal-Sieg, vor allem ihrem Fußballidol Cha. Er hat sie groß gemacht. Deshalb prangt sein Konterfei unübersehbar. Noch wichtiger ist für den gläubigen Christen aber, dass er Gott in Deutschland groß gemacht hat.

RUNE BRATSETH

*Der beste Libero Europas
über den Siegerpokal des Himmels*

*Der damals „beste Libero Europas" gewann mit SV
Werder Bremen zwei deutsche Meisterschaften sowie
den Europacup der Pokalsieger (1992). 2014 nahm er
seine Arbeit als TV-Fußballexperte wieder auf und besucht häufiger seine zweite Heimat Deutschland, wo
er im Bremer Weserstadion immer noch bejubelt wird.*

In den 90er Jahren bedauerte Beckenbauer: „Wenn Bratseth doch nur Deutscher gewesen wäre. Er hätte unser Liberoproblem in der Nationalmannschaft sofort gelöst." Und auch für den ehemaligen Bremer Trainer Otto Rehhagel war der Norweger sein größter Coup. In seinen 230 Bundesligaspielen beeindruckte er nicht nur durch seine Schnelligkeit, Zweikampf- und Kopfballstärke, sondern vor allem durch seine Fairness auf dem Platz. Als Grund dafür nannte mir der Norweger auch seinen tief verwurzelten Glauben: „Das Christentum bedeutet mir viel mehr als das Fußballspielen. Wenn ich auf den Platz gehe und weiß, dass Gott mit mir ist, fühle ich mich in allem, was geschieht, geborgen."
Bei meinem Besuch 1989 in seiner Bremer Wohnung wollte ich mehr über sein Erfolgsgeheimnis erfahren.

Kindliches Gottvertrauen

Der in einem lutherischen Elternhaus aufgewachsene Norweger sprach von Jesus zuweilen, als sei er sein Manager: „Ich habe das bestimmte Gefühl und auch die Erfahrung gemacht, dass Jesus mein Leben plant. Das Größte an Jesus ist für mich, dass der Sündlose für meine Sünde gestorben ist. Sünde heißt eigentlich Trennung von Gott, Verachtung seiner Gebote, Zielverfehlung. Und das erste Gebot heißt, dass wir Gott, unseren Schöpfer und Erlöser, von ganzem Herzen lieben sollen, weil er uns zuerst geliebt hat. Wenn dieses

Liebesverhältnis zu Gott gestört ist, fehlt uns auch die Kraft und der Ansporn, die anderen Gebote, die unser Verhältnis zum Mitmenschen betreffen, zu befolgen." Er sei keineswegs perfekt, räumte Bratseth ein, aber der Glaube an Jesus mache es ihm leichter, seinen Nächsten zu lieben wie sich selbst.

Für die Mannschaft beten

Rune sagte damals, dass er vor jedem Spiel in der Umkleidekabine bete, und zwar „um eine gute körperliche und geistige Verfassung und um ein faires Spiel. Ich bete auch für meine Mannschaft, dass jeder von uns sein Bestes geben möge, aber niemals um einen Sieg". Wussten seine Kameraden, dass er betet? „Bisher hat mich keiner darauf angesprochen. Das macht mich eigentlich ein bisschen traurig. Ich würde gerne mit ihnen über Gott reden, aber nur, wenn sie es wollen."
Bratseth schenkt das Gebet Zuversicht. „Wenn ich mit Gott gesprochen habe, fühle ich mich sicher und kann ohne Angst auf den Platz gehen. Und während des Spiels bete ich um Kraft, Durchhaltevermögen und Gelassenheit für die ganze Mannschaft." Wichtig war für den damaligen Werder-Libero ein guter Mannschaftsgeist. Einer müsse für den anderen da sein. Und wenn ein Mitspieler in einer entscheidenden Spielsituation einen Elfmeter verschießt? „Im ersten Moment habe ich natürlich ein bitteres Gefühl. Aber ich sage mir dann,

der Elfmeterschütze hat sein Bestes gegeben und leidet selbst am meisten darunter. Deshalb müssen wir anderen ihn stützen und stärken."

Geistliche Heimat und sportlicher Wettkampf

Als Christ profitiere der Fußballprofi von der Nähe Gottes, die sich für ihn in verschiedenen Bereichen zeige, zum Beispiel, „wenn ich zum Abendmahl gehe, im Gottesdienst auf Gottes Wort höre und bete oder im Hausbibelkreis mit anderen Christen Gemeinschaft habe". Mit seinem damaligen Pfarrer Bernd Bierbaum sei der Norweger vollauf zufrieden gewesen. In seiner Kirche würde er als Christ nicht verhungern: „Die Bibel ist für mich Gottes Wort, das mich nährt, aufbaut, stärkt und mir Orientierung gibt. Deshalb brauche ich eine kraftvolle biblische Kost in moderner Verpackung, die auch dem Prediger schmecken muss, wenn er sie seinen Hörern schmackhaft machen will."

Rune verglich den sportlichen Wettkampf mit dem Glaubenskampf des Christen: „Wenn ich als Fußballer ein Spiel oder einen Pokal gewinne, freue ich mich für einen kurzen Augenblick. Aber wenn ich den Kampf des Glaubens durchstehe, wartet auf mich am Ende der Pokal des ewigen Lebens. Als Christ bekomme ich jetzt schon einen Vorgeschmack davon, weil ich im Glauben jeden Tag mit Christus verbunden bin. Und das ist super."

JEAN-MARIE PFAFF

Die Angst vor dem Gegner überwinden

Zu Beginn der Bundesliga-Saison 1985/86 bekam ich einen Telefonanruf von Jean-Marie Pfaff, dem populären Torwart von Bayern München, mit der dringenden Bitte, sein Seelsorger zu werden. Ich schaute hinter die Kulissen des erfolgreichsten deutschen Fußballvereins. Die Befreiung einer traumatischen Belastungsstörung machte Jean-Marie Pfaff empfänglich für den christlichen Glauben. Aufgrund seiner überragenden Torwart-Leistung auch bei der Fußballweltmeisterschaft in Mexiko 1986 wurde der belgische Nationaltorwart zum besten Fußballtorwart der Welt gewählt.

„Jean-Marie Pfaff ist sicherlich die größte Torhüter-Persönlichkeit in Europa. Er besticht durch hervorragende Reflexe, durch seinen Mut, seine Klasse im Herauslaufen, seine Routine und Erfahrung. Er ist vor allem ein Torhüter, der über eine gesamte Saison konstant gute Leistungen bringt. Darüber hinaus hat er in vielen wichtigen Spielen außergewöhnliche Leistungen gezeigt." – Eine der vielen Lobeshymnen von Jupp Heynckes, dem damaligen und heutigen legendären Welttrainer vom FC Bayern München, wo Jean-Marie Pfaff von 1982 bis 1988 unter Vertrag stand. Dreimal gewann Pfaff die Deutsche Meisterschaft und zweimal den DFB-Pokal. Der 64-fache belgische Nationalspieler, der 1987 zum „besten Fußball-Torwart der Welt" gewählt wurde, beendete 1990 seine Profikarriere. Für ihn begann das eigentliche Leben erst danach. Dann würde sich herausstellen, ob man als Mensch zurechtkomme und seinen Platz finde, meinte er selbst dazu. Jean-Marie Pfaff lebt heute mit Ehefrau Carmen, drei Töchtern, den Schwiegersöhnen und Enkelkindern in seinem luxuriösen Landhaus bei Antwerpen. Der begeisterte Familienmensch hat wahr gemacht, was er als Fußballprofi seinen Kinder versprochen hatte, nämlich zehn Jahre lang nur für sie da zu sein: „Meine Familie hatte sich bis dahin immer nach mir gerichtet", gibt der umschwärmte Fußballstar zu. „Als die zehn Jahre um waren, bekamen wir von einem Sender das Angebot, eine TV-Doku-Soap über unsere Familie zu machen. Eigentlich sollten es nur ein, zwei Staffeln werden, am

Ende wurden es zehn Jahre. Ich wollte zeigen, dass ein Mensch, der durch den Fußball zum Weltstar geworden ist, normal bleiben kann." Die in Belgien beliebteste TV-Unterhaltungssendung „De Pfaffs" erreichte in diesen zehn Jahren (267 Folgen) jeden Sonntagabend über zwei Millionen Zuschauer.

„Kannst du mein Seelsorger sein?"

München ist für den heutigen TV-Star zur zweiten Heimat geworden. Dort wird er immer noch – auch nach dreißig Jahren – als Fußballstar verehrt: „Erleben Sie einen ganzen Tag lang die Torwartlegende und den Fan-Liebling des FC Bayern München Jean Marie Pfaff live", heißt es in einem aktuellen Werbeprospekt des renommierten Fußballclubs Bayern München. „Im Experten-Talk erzählt Jean-Marie Pfaff die spannendsten Geschichten aus Stadion und Umkleidekabine. Höhepunkt ist eine ganz persönliche Stadionführung durch die Allianz-Arena und der Besuch der neuen FC Bayern Erlebniswelt. Nehmen Sie Anlauf und verwandeln Sie diese einzigartige Chance, der Torwartlegende Jean Marie Pfaff die goldenen Hände zu schütteln."
Seine goldenen Hände konnte ich bei unserem ersten Telefonkontakt (1985) verständlicherweise nicht schütteln. Sein Anruf hatte mich total überrascht. Kaum hatte ich den Telefonhörer abgenommen und meinen Namen genannt, sprach mich der damals 33-jährige Torwart

vom FC Bayern München gleich mit Vornamen an: „Günther, ich habe dein Buch gelesen ‚Wenn Gott ins Spiel kommt'. Kannst du mein Seelsorger sein?" Ohne meine Antwort abzuwarten, plätscherte er gleich los wie ein Wasserfall: „Wenn wir Fußballprofis unter uns sind, reden wir über Autos, Aktien und Frauen. Aber wie es da drinnen aussieht, behält jeder für sich. Quälende Fragen verdrängen wir: Wer bin ich? Wie bewältige ich meine Krise? Gibt es Gott? Was ist der Sinn meines Lebens? Geht es nach dem Tod weiter?"

Die größte Blamage im Bayerntor

Ein Jahr lang unterhielten wir uns fast wöchentlich über Gott und seine Welt in schonungsloser Offenheit. „Für Jean-Marie, der früh seinen Vater verloren hat, bist du ein väterlicher Freund", gestand mir seine Ehefrau Carmen, die er auch heute noch über alles liebt.

Nach der Fußballweltmeisterschaft in Spanien (1982) unterschrieb der belgische Nationaltorwart trotz verlockender Angebote aus Italien und Spanien einen Profivertrag beim FC Bayern München und fieberte seinem ersten Bundesligaspiel gegen SV Werder Bremen entgegen, das mit der größten Blamage seiner Fußballlaufbahn enden sollte. Damit einher ging ein fast unlösbares Problem, das den Bayern-Torwart einige Wochen belastete. Er dachte an das alles entscheidende Spiel gegen den Spitzenreiter Werder Bremen im Weser-Stadion drei Spieltage vor Saisonende. Würde Werder Bremen gewinnen, würden sie vorzeitig Deutscher Meister sein. Bei einem Unentschieden oder einer Niederlage dagegen konnte Bayern München sogar noch Deutscher Meister werden. Jean-Marie war regelrecht traumatisiert. Warum? Immer wieder lief der misslungene Einstand im Spiel gegen Werder Bremen drei Jahre zuvor wie ein Film vor ihm ab. Was war passiert? Blenden wir zurück. Große Hoffnungen hatte der FC Bayern München in den belgischen Nationaltorwart als würdigen Nachfolger von Sepp Maier gesetzt. Mit Spannung wurde sein erster Einsatz am 21. August 1982 im Spiel gegen Werder Bremen im Weser-Stadion vor 35.000 Zuschauern erwartet. Das Spiel plätscherte dahin. Kurz vor Schluss warf der Bremer Uwe Reinders, der für seine katapultartigen Einwürfe bekannt war, den Ball von der Seitenlinie weit in den gegnerischen Strafraum. Die verdutzten Abwehrspieler reckten ihre Köpfe. Aus dem Gewühl stiegen die Torwarthandschuhe empor. Aber keiner davon erwischte den Ball. Nur die Fingerspitzen des Torwarts berührten den Ball, der schließlich im Netz landete. Die Bremer jubelten und gingen als Sieger vom Platz. Der Spott der Öffentlichkeit über den patzenden Neuling war anschließend groß, die Presse stürzte sich begierig auf Pfaffs Fehlgriff. Immer wieder wurde die Szene im Fernsehen gezeigt und wird bis heute noch weltweit bei Youtube abgerufen.

„Ich spürte den eisigen Wind, der mir ins Gesicht blies", sagte Jean-Marie. „Paul Breitner kam nachher zu mir und sagte, ich solle mich nicht verrückt machen." Im Profifußball gäbe es keine Freunde, nur Kollegen. „Das merkte ich, wenn ich verletzt war oder ein unglückliches Tor kassierte. Im Strafraum empfinde ich Einsamkeit. Ein Torwart ist immer allein, denn er ist der entscheidende Mann. Wenn ein Stürmer eine Chance vergibt, ist es eine Kleinigkeit, aber wenn einem Keeper ein Eckball durchrutscht, ist es eine Katastrophe."

Wie ein Fels in der Brandung

Nun war guter Rat teuer. Der Torwart hoffte auf eine psychologische Hilfestellung von mir, um diese lähmende Belastung loszuwerden. Am Ende kam mir eine fromme Idee. Mir fiel der Angstschrei des Psalmbeters ein: „In auswegloser Lage schrie ich zum Herrn: ‚Hilf mir!' Er holte mich aus der Bedrängnis heraus und schenkte mir Freiheit. Der Herr ist auf meiner Seite, und ich brauche mich vor nichts und niemandem zu fürchten" (Ps 118,5 f.).

Jean-Marie wurde hellhörig und reagierte wohlwollend. War das die Lösung? Nun fing ich an zu predigen: „Wir dürfen Gott auf die Probe stellen und ihm unsere Ängste bekennen. Bis heute machen glaubende Menschen die beglückende Erfahrung, von der unser Psalmbeter schon vor 2500 Jahren gesprochen hat. Die ganze Bibel ist voll solcher Mut machender Gebetserhörungen wie zum Beispiel auch in Psalm 50: ‚Rufe mich an in der Not, so will ich dich erretten, und du sollst mich preisen.'"

Im Hexenkessel des ausverkauften Weser-Stadions beherzigte Jean-Marie die empfohlene Glaubensstrategie, ließ sich von Buhrufen nicht irritieren und legte seine Angst bei Gott ab. Der Bayern-Torhüter blieb wunderbar gelassen, hielt alle Bälle und entnervte zum Schluss den Werderaner Michael Kutzop mit seiner stoischen Ruhe so sehr, dass der Stürmer in letzter Minute einen Elfmeter zum greifbaren Sieg verschoss. Das Spiel endete 0 : 0. Zwei Wochen später wurde Bayern München Deutscher Meister und Jean-Marie als Matchwinner stürmisch gefeiert.

Bibelworte als Motivation für die WM in Mexiko

Zwei Tage nach dem aufregenden Spiel im Weser-Stadion rief mich der überglückliche Fußballer an und schilderte seine Glaubenserfahrung. Er habe sich gefühlt wie ein Fels in der Brandung und er sei Gott unendlich dankbar für diese Gebetserhörung, auch wenn er das Spiel nicht gewonnen hätte.

Nun stand eine neue Herausforderung vor dem Tor. Die Fußballweltmeisterschaft 1986 in Mexiko, für die sich die belgische Nationalmannschaft qualifiziert hatte. Jean-Marie Pfaff war ihr Mannschaftskapitän. Die Sternstunde des Glaubens in Bremen hatte sich ihm tief eingeprägt, und er bat mich: „Kannst du mir eine

Predigt über diesen 118. Psalm halten? Ich möchte sie mir vor jedem Turnier-Spiel in Mexiko anhören. Ich brauche eine Inspiration und Motivation für mein Gottvertrauen."

Einen Sonntag vor seinem Abflug nach Mexiko hielt ich den Gottesdienst in Dillenburg und sagte der Gemeinde, meine Predigt sei auch bestimmt für den belgischen Nationaltorwart Jean-Marie Pfaff, den ich gelegentlich namentlich ansprechen würde, als säße er unter den Zuhörern. Es lohnt sich, einmal in den Psalm 118 hineinzuzuschauen. Hier eine Leseprobe: „In auswegloser Lage schrie ich zum Herrn: ,Hilf mir!' Er holte mich aus der Bedrängnis heraus und schenkte mir Freiheit. Der Herr ist auf meiner Seite, und ich brauche mich vor nichts und niemandem zu fürchten. Er hat mir Kraft gegeben und mich froh gemacht. Nun kann ich wieder singen. Er hat mir den Sieg geschenkt … Ich werde nicht sterben, sondern am Leben bleiben und erzählen, was der Herr getan hat … Was keiner für möglich gehalten hat, das tut Gott vor unsern Augen."

Ich stellte nur 4 von 29 Versen vor. Die Predigt dauerte 35 Minuten, ein aufwendiges Zusatzprogramm für den belgischen Nationaltorwart in Mexiko. Am darauffolgenden Donnerstag rief er mich vom Brüsseler Flughafen an und bedankte sich für die Tonkassette, als habe er ein Weihnachtsgeschenk erhalten. Der belgische Torwart und seine Mannschaft steigerten sich von Spiel zu Spiel und scheiterten erst im Halbfinale gegen den späteren Weltmeister Argentinien.

Zum besten „Fußballtorwart der Welt" gewählt

Als mich Jean-Marie nach der Fußballweltmeisterschaft nach München einlud, begrüßte er mich mit den
Worten: „Ich bin gerade bei Diego Maradona im Hotel
gewesen. Wenn du willst, kann ich dir ein Exklusiv-Ge-
spräch mit ihm vermitteln, worum dich jeder Sportjour-
nalist beneiden wird." Ich lehnte ab, auch wenn der
Argentinier gerade zum „Fußballer des Jahrhunderts"
gewählt worden war. Im WM-Viertelfinale gegen England in Mexiko bugsierte das abgöttisch verehrte Fußballidol den Ball über den herauslaufenden Torwart ins
gegnerische Tor – mit der Hand und vom Schiedsrichter
nicht erkannt. Nach dem Spiel sprach Maradona von
der „Hand Gottes", die für das Tor verantwortlich gewesen sei. Erst zwölf Jahre später tat er in einem Interview Buße und räumte ein, dass das Tor regelwidrig
zustande gekommen sei.

Ich sprach Jean-Marie auf sein verlorenes Spiel gegen
Argentinien im WM-Halbfinale an und fragte ihn, was
ihm Maradona gesagt habe, als er nach dem Schlusspfiff allen ihn bedrängenden belgischen Spielern aus-
wich und völlig außer Atem bei ihm stehen blieb und
sein begehrtes Trikot demonstrativ auszog, wie man
auf dem Bildschirm beobachten konnte. Der belgische
Torwart antwortete schmunzelnd: „Diego Maradona
überreichte mir sein schweißgetrieftes Trikot und sagte: ‚Jean-Marie, ich bin ein großer Fan von dir, und das
gilt auch für meine Familie.'" Nicht ohne Stolz führte er

mich zu einer Glasvitrine und zeigte mir die immer noch ungewaschene Trophäe. Eine unbezahlbare Reliquie für jeden Fußballfan.

Der größte Triumph in seiner Fußballkarriere war für Jean-Marie Pfaff die Wahl „zum besten Fußballtorwart der Welt". Dafür hatten 5000 Sportjournalisten aus aller Welt gestimmt. Nicht zuletzt aufgrund seiner hervorragenden sportlichen Leistung während der Weltmeisterschaft in Mexiko.

100.000 Belgier umjubeln ihr Fußballidol

Der wohl bekannteste Belgier und Bayern-München-Liebling zeigte mir Stapel von Fan-Briefen und Postkarten aus Europa. Da wurden nicht nur Autogrammkarten, Stofffetzen vom Trikot oder Stollen vom Fußballschuh angefordert. Ein Mädchen schrieb: „Für mich wäre es das Größte, wenn du mir eine deiner schönsten Locken schicken könntest." Jean-Marie trug es mit Fassung und meinte: „Ich hätte keine Haare mehr, wenn ich alle Wünsche erfüllen würde."

Der „beste Torwart der Welt" genießt es immer noch, wenn er an jenen Augenblick denkt, als er nach der Weltmeisterschaft nach Belgien zurückkehrte und im Autokorso von 100.000 Fans umjubelt wurde. Da hätten ausnahmsweise alle gemeinsam gefeiert, Flamen oder Wallonen. Er wurde zum „Mann des Jahres" gewählt und von König Baudouin mit allen Ehren empfangen. Im Brüsseler Wachsfigurenkabinett wurde er verewigt. Ihm zu Ehren textete die Sängerin Sandra Kim das Eurovisions-Siegerlied: „J'aime la vie" in „J'aime Jean-Marie – ich liebe Jean-Marie" um, das in Belgien zum Hit wurde.

„Was bedeuten dir der überragende sportliche Erfolg und die Popularität?", wollte ich von Jean-Marie wissen. „Ruhm und Erfolg sind schön, aber daran hängt nicht mein Herz. Mein Glaube an Gott und meine Familie sind mir am wichtigsten", betonte er und erzählte mir von der Privataudienz bei Papst Johannes Paul II. in Rom: „Zuerst gab der Papst sich als Fußballfan zu erkennen. Und dann erkundigte er sich ausführlich nach meiner Familie. Kaum hatte er sich von mir verabschiedet, kam er nach fünf Schritten wieder zurück, weil er vergessen hatte, mir die Hände zum Segen aufzulegen."

Leben heißt Abschied nehmen

„Das Schlimmste ist der Abschied von lieben Menschen, wenn sie sterben", beklagte Jean-Marie den plötzlichen Tod seiner Schwester und Schwiegermutter. „Jetzt liegen sie zwei Meter unter der Erde, und du kannst sie nicht mehr anfassen. Du siehst nur noch ein Bild von ihnen und hast gute Gedanken an sie. Aber es gibt ein Wiedersehen für uns Christen." Ich schaute auf ein Kruzifix an der Wohnzimmerwand. „Das wollte ein alter Mann auf den Müll schmeißen", sagte er betroffen. „Ich habe es aufpolieren lassen. Im Symbol des Kreuzes sehe ich nicht nur das Leiden, sondern auch den Weg zur Erlösung: Er hat sich durchgesetzt, die Schläge für mich und für dich eingesteckt. Da hängt einer, der von seinen besten Freunden verraten wurde und sogar für seine Feinde betete."

Der Gekreuzigte ist für Pfaff zugleich der Auferstandene, der uns die Hoffnung auf das ewige Leben gibt. Darum stehe am Ende nicht der Abschied, sondern das Wiedersehen mit unseren Lieben. Sein ganzer Stolz ist ein gotisches Kirchengestühl, sein Betstuhl, wie er sagte: „Mein Gott befreit mich von dem ständigen Leistungsdruck. Bei ihm fallen meine Sorgen ab. Er gibt mir Kraft, Mut und Liebe für meine Familie und andere Menschen. Ich bete nicht nur in der Not, sondern danke ihm für alle Wohltaten."

Abschiedsstimmung herrschte auch im Münchener Olympiastadion. Jean Marie stand am 14. Mai 1988 zum letzten Mal im Tor von Bayern München im Spiel gegen VfB Stuttgart. Auch Lothar Matthäus wurde verabschiedet. Im dichtbesetzten Fan-Block in der Südkurve las ich auf vielen weißen Leinentüchern Lobes- und Dankeshymnen, die immer wieder lautstark in den Münchener Fußballhimmel geschmettert wurden: „Jean-Marie, wir danken dir. Du bist der beste Torwart der Welt."

WYNTON RUFER

*Vom gottlosen Rebell
zum Revolutionär der Liebe*

*Die international bekannte Fußballlegende Wynton
Rufer ist akkreditierter Botschafter des Weltfußballverbandes (FIFA-Ambassador) und Kooperationspartner
der Deutschen Fußball Liga (DFL) im asiatisch-pazifi-
schen Raum. Der Neuseeländer gründete in Auckland
eine Fußballakademie (Soccer School of Excellence)
mit dem Ziel, Kinder zu Weltklasse-Bürgern und Welt-
klasse-Fußballern auszubilden. Sein Modell macht
weltweit Schule.*

Der dreimal zu Ozeaniens Fußballer des Jahres gewählte Neuseeländer wurde Anfang dieses Jahrtausends als „Ozeaniens bester Fußballer" des 20. Jahrhunderts ausgezeichnet. Er gehört auch zu den populärsten Spielern in der Geschichte der Fußball-Bundesliga. Seine Erfolgsbilanz ist beachtenswert: Von 1989 bis 1994 spielte Rufer bei Werder Bremen, wo er in 174 Bundesligaspielen 59 Tore erzielte. Dort gewann er unter Trainer Otto Rehhagel 1991 und 1994 zweimal den DFB-Pokal und 1993 die deutsche Meisterschaft. Seine größte Stunde als Fußballer war der 6. Mai 1992, als er mit Werder Bremen den Europapokal der Pokalsieger gewann und im Finale ein Tor schoss.

„Eine Sphinx mit Menschenleib und Löwenkopf"

Wer den heute 80-jährigen Otto Rehhagel fragt, welcher Spieler ihn in seiner 40-jährigen Trainerkarriere am meisten beeindruckt habe und der beste war, bekommt eine eindeutige Antwort: „Wynton Rufer. Ohne Zweifel! Wenn Sie einen Fußballer fragen: ‚Kannst du links schießen', dann sagt er: ‚Rechts geht, aber links: naja.' Oder: ‚Wie schnell bist du?' Dann sagt er: ‚Es gibt Schnellere.' Bei Wynton können Sie alles abfragen: Rechts perfekt, links perfekt. Er war der Schnellste, intelligent, kopfballstark. Im Endspiel des Europapokals 1992 gegen Monaco ist Wynton an allen vorbeigelaufen. Oder gegen Neapel, mit Maradona und Careca.

Unglaublich, was Wynton da gespielt hat! Es war ein Riesenglück, dass ich Wynton zu Werder holte. Wir sind heute noch sehr gut befreundet."

Als ich Rehhagel und Rufer Anfang der 90er-Jahre in Bremen kennenlernte, staunte ich auch über die harmonische Beziehung zwischen dem deutschen Biedermann und dem neuseeländischen Exoten. Das ist für mich bis heute noch ein Wunder, denn Wynton Rufer war eine Zeitlang der Schrecken renommierter Fußballtrainer. Neuseelands bester Nachwuchsfußballer war ein widerspenstiger, eigenwilliger und aggressiver Exot, der nach der Weltmeisterschaft in Spanien 1982 zum Schweizer Ligaclub FC Zürich wechselte. In der muffigen Schweiz eckte der Neuseeländer mit seiner lockeren, unbeschwerten Lebensart an. Überall stieß er auf Verbote und Verhaltensregeln, die seine ungehemmte Lebenslust irritierten. Seinen Frust kompensierte er mit Streifzügen durch die Zürcher Bars und flüchtigen Mädchenbekanntschaften, was seiner sportlichen Leistung nicht gerade zuträglich war. „Seine Unberechenbarkeit zeichnet ihn als Fußballstürmer und Privatmann aus", meinte Trainer Ottmar Hitzfeld vom Fußballclub Aurau, an den Rufer nach vierjähriger Spielzeit beim FC Zürich ausgeliehen wurde. Hitzfeld verglich den Neuseeländer mit einer Sphinx, einer ägyptischen Steinfigur mit Löwenleib und Menschenkopf, die unlösbare Rätsel aufgab.

Höhepunkt seiner Eskapaden war 1985 der vom FC Zürich nicht genehmigte Trip nach Neuseeland, um zwei

Weltmeisterschaftsqualifikationsspiele gegen Australien zu bestreiten. Sein Verein tobte und beantragte vergeblich beim Weltfußball-Verband FIFA eine Spielsperre für Rufer wegen disziplinlosen Verhaltens. Auf dieser Reise fand der abtrünnige Fußballstürmer sein Liebesglück.

Auf der Schatzsuche einen Diamanten gefunden

Seine Nationalmannschaft hatte in der neuseeländischen Hafenstadt Auckland Quartier bezogen, um sich auf das Spiel vorzubereiten. In der Hotel-Lobby fiel sein Blick auf eine Blondine von bezaubernder Schönheit. Wie angewurzelt blieb er stehen und wusste sofort: „Das ist meine Ehefrau." Das australische Fotomodell plagte immer noch ein nicht auskurierter Liebeskummer, den sie vergessen wollte. Deshalb hatte ihr Vater sie kurzfristig auf eine Geschäftsreise mitgenommen. Eine freundschaftliche Beziehung bahnte sich an. Der stürmische Liebhaber war sprachlos, als Lisa sagte, sie sei noch Jungfrau und würde bis zur Hochzeit keinen Sex haben. Schweren Herzens respektierte er Lisas Entscheidung, denn er würde einen Diamanten heiraten. Und dafür wartete er vierzehn Monate.
Wynton überfiel vor seiner Traumhochzeit mit Lisa mal wieder die Frage nach dem Sinn des Lebens. Lisa wollte in der anglikanischen Kirche ihrer australischen Heimatstadt Perth getraut werden. Aber Wynton hatte mit Gott nichts am Hut, wollte aber auch nicht heucheln.

Später erzählt er mir: „In diesem Augenblick spürte ich wieder meine innere Leere, die mich schon seit vielen Jahren quälte. Dabei hatte ich doch alles, was mein Herz begehrte: einen Traumberuf, ein Traumgehalt und jetzt noch eine Traumfrau, dazu noch eine Jungfrau. Und dann schlich sich wieder diese unheimliche Stimme ein: Wenn du stirbst, kannst du nichts mitnehmen. Wofür hast du dann gelebt?"

Der unsichtbare Hausbewohner

Anfang der 90er-Jahre stand ich in Bremen-Lilienthal vor der Haustür des Ehepaars Wynton und Lisa Rufer. Auf einem Holzschild an der Hauswand las ich die Worte: „Verlass dich nicht auf deinen (begrenzten) Verstand, sondern setze dein Vertrauen ungeteilt auf deinen Gott. Denk bei allem, was du tust: Er wird dir den richtigen Wegen zeigen" (Spr 3,5–6). Solche frommen Sprüche erwartet man allenfalls im Schaukasten einer Kirche, aber nicht im Hauseingang eines Fußballprofis. Im modischen Sportdress begrüßte mich der athletisch gebaute dunkelhaarige Hausherr wie einen langjährigen Freund. Voller Stolz stellte mir der Naturbursche seine bildhübsche Ehefrau Lisa vor, die nicht nur als ehemaliges Mannequin auf der Titelseite des „Bremer Magazins" charmant lächelte. Ihr Eheglück führten sie vor allem auf ihren gemeinsamen Glauben an Christus zurück, der irgendwie immer dabei ist, wie es auf einem

Wandspruch steht, den ich übrigens auch bei Mutter Teresa in Kalkutta gesehen habe: „Christus ist das Haupt dieses Hauses, der unsichtbare Gast bei jeder Mahlzeit. Der stille Zuhörer bei jedem Gespräch."

„Fußball ist meine Religion und mein Gott heißt Pele"

Ein Exot unter den Fußballspielern ist der „Kiwi", wie sich der Neuseeländer nach dem neuseeländischen Wappentier auch gerne nannte. Aber Rufer ist keineswegs ein Nachttier, das sich tagsüber versteckt – wie das Wappentier.

Er schwärmte von der Weite und Unberührtheit seines Landes, von seinen naturverbundenen und freiheitsliebenden Menschen, von Sonnenschein und Heiterkeit. Sein Vater Arthur, ein gebürtiger Schweizer, siedelte sich schon in jungen Jahren in Wellington, der Hauptstadt Neuseelands an. Besonders stolz ist Wynton auf seine Mutter Anne, eine Maori, wie man die Ureinwohner Neuseelands nennt. Von ihr habe er Kreativität, Spontaneität und Impulsivität geerbt.

Als Junge tollte Wynton am liebsten am nahe gelegenen Meeresstrand herum und spielte leidenschaftlich gerne Fußball. Sein großes Vorbild ist in dieser Zeit der brasilianische Fußballkünstler Pele, dessen elegante Spielweise und Tricks er intensiv studierte. Er wuchs in einem protestantischen Elternhaus auf und hörte in der

Sonntagsschule Geschichten aus der Bibel, provozierte aber ständig seinen Lehrer mit seinem damaligen Lebensspruch: „Meine Religion ist Fußball, und mein Gott heißt Pele."

Mit seinem Heimatverein Wellington United wurde der 17-jährige Spieler neuseeländischer Fußballmeister. In Singapur qualifizierte sich seine Fußball-Nationalmannschaft durch ein Supertor ihres 19-jährigen Stürmers Wynton Rufer gegen die Volksrepublik China für die Endrunde des Weltmeisterschaftsturniers 1982 in Spanien.

Der Fußballstar war kein Kind von Traurigkeit und genoss seinen Ruhm in vollen Zügen. Mädchenherzen flogen dem Naturburschen zu, Bierkneipen zogen ihn magisch an, und der Joint machte bei wilden Partys die Runde. In Wellington war Marihuana bereits in der Schule die beliebteste Währung gewesen, meinte Rufer. Und später habe er mit seinen Sportkameraden das Hanfkraut selber angebaut.

„Mein Lebensdurst wird gestillt"

Als Doppelbürger (Neuseeländer und Schweizer) musste er noch einen Wiederholungskurs beim Schweizer Militär ableisten. In der Kaserne lernte er den Heilsarmisten Beat Rieder kennen, mit dem er an einem freien Abend im Bergrestaurant an einem Tisch saß. Wynton bewundert seine sagenhafte Ausstrahlung. Er wäre wohl der einzige in seiner Kompanie, der trotz dieser blödsinnigen militärischen Übungen immer gut drauf sei. Beat trank kein Bier, weil er Alkoholiker betreute und deswegen abstinent leben wollte. Das beeindruckte Wynton mit dem vollen Glas Bier vor sich, auf das er sich schon den ganzen Tag gefreut hatte.

„Schonungslos deckte ich mein bisheriges Leben auf", sagte mir Wynton. „Geschlagene vier Stunden unterhielten wir uns. Ich ließ ihn mit meinen Fragen nicht los. Je länger ich ihm zuhörte, desto gewisser wurde mir: Der hat genau das, was mir fehlt und was ich will. Nämlich die Früchte des Geistes, wie ich später im Neuen Testament nachlesen konnte: ,Der Geist Gottes lässt als Frucht einen Fülle von Gutem wachsen, nämlich Liebe, Freude, Frieden, Geduld, Freundlichkeit, Güte, Treue, Nachsicht und Selbstbeherrschung' (Gal 5,22). Überall an den Tischen um uns herum aßen, tranken und scherzten die anderen Kameraden. Und ich war plötzlich nicht mehr wiederzuerkennen. Ich war mit einem Heißhunger reingekommen, bin aber ohne einen Bissen um Mitternacht wieder rausgegangen und hatte keinen Hunger mehr. Bis zu diesem Augenblick war ich ein handfester Trinker, aber mein volles Glas Bier stand immer noch da. Bis heute habe ich kein Bier mehr getrunken und keinen Joint mehr geraucht."

Als ob er gerade in diesem Augenblick seine Sternstunde noch einmal erlebte, sagte Wynton: „An diesem Abend wurde mein Lebensdurst gestillt, wie es Jesus der Samariterin am Jakobsbrunnen gesagt hat: ,Wer dieses Wasser trinkt, das ich ihm gebe, wird niemals mehr Durst bekommen. Ich gebe ihm Wasser, das in ihm eine Quelle wird, die ewiges Leben schenkt' (Joh 4,3). Mir wurde auf einmal klar: Beat Rieder hat Jesus erlebt, hat dieses Wasser getrunken und seinen Lebensdurst gestillt. Und dieser Jesus kann auch für mich der Weg, die Wahrheit und das Leben werden, wenn ich an ihn glaube. Mich erfüllte die Gewissheit: Jesus liebt mich. Diese Botschaft ist die stärkste Motivation für mein Leben geworden."

„Man sieht nur mit dem Herzen gut"

„Wie erklärst du das Phänomen deiner Bekehrung?", fragte ich ihn. Wynton schaute seiner Lisa, die sich im Wohnzimmer zu uns gesellt hatte, tief in die Augen, als wollte er mit dem kleinen Prinzen sagen: „Die wirklichen Dinge sind den Augen verborgen. Man sieht nur mit dem Herzen gut." Dass Lisa ihn liebe oder seine Mutter ihn zur Welt gebracht habe, könne er auch nicht erklären, sondern nur „Gott sei Dank" sagen. Trotzdem fehlten ihm die passenden Worte, um jene beglückenden Augenblicke zu beschreiben, die seinem Leben eine neue Richtung gegeben haben. Wynton schlug die Bibel auf und verglich sich mit Nikodemus, der in der Nacht zu Jesus kam, um ebenfalls seinen Lebensdurst zu stillen. Und dann heißt es weiter im Johannes-Evangelium, Kapitel 3: „Und Jesus sagt zu ihm:

,Nur wer von Neuem geboren ist, wird die neue Welt zu sehen bekommen.' ,Wie kann ein erwachsener Mensch noch einmal geboren werden?', fragt Nikodemus. ,Er kann doch nicht in den Leib seiner Mutter zurückkehren und ein zweites Mal auf die Welt kommen!' Jesus sagt: ,Was Menschen zur Welt bringen, ist und bleibt menschlich. Geistliches Leben kann nur vom Geist Gottes geboren werden. Wundere dich nicht, wenn ich dir sage: Ihr müsst alle von Neuem geboren werden. Der Wind weht, wo es ihm gefällt. Du hörst ihn nur rauschen, aber du weißt nicht, woher er kommt und wohin er geht. So ist es auch bei denen, die vom Geist Gottes geboren werden.'" Besser kann ein Pfarrer das Geheimnis des Glaubens und die existenzielle Betroffenheit und Aktualität der Begegnung Jesu mit Nikodemus nicht erklären.

Gottesdienst als Kraftquelle

„Du musst unbedingt mit Lisa und mir in den Gottesdienst gehen", bedrängte mich der eifrige Kirchgänger. Mit seinem Jeep fuhren wir am Sonntagabend in eine englischsprachige Kirche für amerikanische Soldatenfamilien. „Weißt du", sagte Wynton, „ich bin ein gefühlsbetonter Mensch. Mein Glaube spielt sich nicht nur im Kopf ab, sondern berührt auch mein Herz. Ich möchte Gott mit Leib, Seele und Geist in meiner Muttersprache loben. In meiner Gemeinde spüre ich, dass Menschen vom heiligen Geist ergriffen sind, wenn sie beten, singen oder über ihre Glaubenserfahrungen sprechen. Hier kann ich mich selbst und meinen Alltag loslassen." In der Kirche erblickte ich viele frohe Gesichter. Manche Lieder wurden vom rhythmischen Klatschen begleitet. Der Pfarrer ermutigte seine Zuhörer, Gottes Verheißungen ernst zu nehmen und sie im Alltag anzuwenden. Nach der Predigt folgten zehn Gemeindeglieder der Einladung, am Altar zu beten und sich segnen zu lassen. Wynton ging auch nach vorne. Später sagte er: „In mir selbst bin ich schwach. Aber mit Christus bin ich stark, wie es der Apostel Paulus im Epheserbrief schreibt: ‚Werdet stark durch die Verbindung mit dem Herrn. Lasst euch stärken von seiner Kraft.'" Deshalb brauche er Gottes Segen und die Fürbitte der Gemeinde.

Dann berichtete er vom Besuch seines Pfarrers im Weser-Stadion: „Dave erlebte die Begeisterung der Fußballfans nach einem Tor für Werder Bremen. In seiner nächsten Predigt spornte er uns zur Begeisterung für Jesus an. Wir müssten den Geist Jesu in diese Welt hineintragen, dann würde es menschlicher zugehen. Niemand käme auf den Gedanken, die Fans für bekloppt zu halten, wenn sie vor Freude klatschten und jubelten. Warum sollten wir uns nicht für Jesus begeistern, der unser Leben neu gemacht hat: – Ich bin nicht verrückt, aber er hat mich verrückt, nämlich aus dem Schatten ins Licht."

Vom Störenfried zum Glücksfall
für jede Mannschaft

Nach seiner Heirat mit Lisa kehrte der „neugeborene Christ" mit einer veränderten Lebenshaltung in die Schweiz zurück und wechselte 1987 als Fußballprofi vom FC Zürich zum FC Arau, wo er in der laufenden Spielsaison 21 Tore schießen sollte. Sein Trainer Ottmar Hitzfeld fand für den einstigen Störenfried jetzt nur gute Worte: „Wynton ist ein Glücksfall für jede Mannschaft. Er ist nicht nur ein hervorragender Stürmer, sondern bringt dem ganzen Team sehr viel von der menschlichen Seite. Er ist aufmerksam und hat sehr viel Verständnis für seine Mitspieler."

Fortan kümmerte Rufer sich intensiv um seine ausländischen Mitspieler. Den Ghanesen Opuku Nti und den Chilenen Eduardo Nazar nahm er vorübergehend bei sich zu Hause auf. Als sein dänischer Mannschaftskamerad Lars Lunde bei einem Autounfall lebensgefährlich verletzt wurde und tagelang im Koma lag, war es für Wynton selbstverständlich, mehrere Wochen lang täglich an seinem Krankenbett zu sitzen. Aber darüber sprach der „barmherzige Samariter" nur ungern mit mir, weil es für ihn nicht nur eine Christenpflicht, sondern ein echtes Bedürfnis sei, anderen zu helfen.

Bei Gott gibt es keine hoffnungslosen Fälle

Wie mitfühlend der Fußballprofi mit hilfsbedürftigen Menschen umgeht, erlebte ich wiederholt bei unseren Begegnungen. Nur ein Beispiel. Als ich ihm am Montag nach einem Bundesligaspiel seiner siegreichen Mannschaft SV Werder Bremen gratulieren wollte, kam er gleich auf einen Drogensüchtigen zu sprechen, dem er helfen müsse: „Lisa ging mit Tschischi, unserem Malteserhündchen, Gassi und begegnete auf dem Waldweg einem verstörten Mann. Sein hilfesuchender Blick berührte sie derart, dass sie sich nach seiner Telefonnummer erkundigte. Diesen stummen Schrei durften wir nicht überhören. Seitdem sind wir Freunde, und ich konnte ihn zu einer Therapie überreden. Überall bekam ich eine Absage. Wie durch ein Wunder habe ich heute Nachmittag einen Platz für eine stationäre Behandlung bekommen. Normalerweise muss man ein Jahr darauf warten. Der junge Mann freute sich und sagte halblaut: ‚Das ist dein Gott.'" Und dann fügte er hinzu: „Vor vierzehn Tagen besuchten uns zwei ehemalige Heroinsüchtige, die frei geworden sind durch den Glauben an Christus und heute vollzeitlich in einer Kirche mitarbeiten. Bei Gott gibt es keine hoffnungslosen Fälle."

„Da kommt noch so ein Heiliger"

Wie sein Trainer Ottmar Hitzfeld wechselte Wynton Rufer im Frühsommer 1987 zum renommierten Fußballclub Grasshoppers Zürich, wo er wieder mit 19 Toren erfolgreichster Torjäger und Pokalsieger wurde. Verlockende Angebote ausländischer Spitzenklubs wie Nottingham Forest und AS Monaco lehnte der Fußballprofi ab und entschied sich für SV Werder Bremen. Beeindruckt zeigte sich Rufer von dem „warmherzigen und geradlinigen Wesen" seines neuen Trainers Otto Rehhagel, der ebenso begeistert von seinem neuen Spieler war und gleich seinem norwegischen Libero Rune Bratseth mitteilte: „Rune, da kommt noch so ein Heiliger wie du." Zu diesem Zeitpunkt konnte Rehhagel noch nicht ahnen, zu welchem Höhenflug seine Mannschaft durch diese Verstärkung in den darauffolgenden Jahren ansetzen würde, obwohl SV Werder Bremen mit FC Bayern München zu diesem Zeitpunkt schon konkurrieren konnte.

Der Torjäger unter den Müllmenschen in Bangkok

„Ist es nicht ein tolles Gefühl, das Tor zum entscheidenden Sieg erzielt zu haben?", wollte ich wissen. Der erfolgsverwöhnte Torjäger antwortete ziemlich cool: „Natürlich habe ich mich jedes Mal darüber gefreut. Aber am nächsten Tag bringt das Tor gar nichts mehr. Es ist vorbei. Wer ein Tor schießen will, muss eine große

Leistung bringen und sich abrackern. Mein Glaube an Jesus bedeutet mir mehr als ein Tor. Dafür brauche ich nichts zu leisten, das ist ein unverdientes Geschenk. Das ist eine Freude, die nicht heute da ist und morgen wieder verschwunden ist. Dieses Gratis-Geschenk von Gott ist nicht mit Geld zu bezahlen."

Fußballstars verdienen viel Geld. Auch Rufer wusste um die Verführungsmacht des Geldes, sprach aber auch vom Nutzen des Geldes, wie man es sinnvoll anlegt und damit Gutes tut. Wichtig war für Rufer der biblische Grundsatz, mindestens zehn Prozent seines Einkommens dem „Reich Gottes" zur Verfügung zu stellen. Das summiert sich bei einem Fußballprofi, der weitaus mehr verdient als ein Spitzenpolitiker. Er erzählte mir von zahlreichen sozialen und missionarischen Projekten in Afrika und Südamerika, die er regelmäßig unterstütze. Weiterhin versorge er jeden Monat seine fünf Waisenkinder. Vor Weihnachten sammle er bei seinen Mannschaftskollegen für die Hilfsorganisation World Vision. In der Winterpause besuche er Hilfsprojekte in Entwicklungsländern. Rufer war zu diesem Zeitpunkt gerade von den Müllmenschen in Bangkok zurückgekehrt. „Warum machst du das?", fragte ich ihn. „Weil mich Gottes Liebe dazu antreibt. Weil ich einen Platz an der Sonne gefunden habe, möchte ich an der dunkelsten Stelle helfen, denn Jesus ist das Licht der Welt." „Was hast du empfunden unter den Müllmenschen?" „Entsetzen und Trauer", sagte Wynton. „Dort müssen die Ärmsten der Armen um alles kämpfen, was für mich selbstverständlich ist. Um Nahrung und Kleidung, um Wohnraum und Arbeit, um Gesundheit und Existenzrecht. Wissen wir eigentlich, wie gut es uns geht und wozu uns unser Wohlstand verpflichtet? Im Weltgericht wird Jesus einmal sagen: ‚Ich bin hungrig gewesen, und ihr habt mich gespeist. Ich bin krank gewesen, und ihr habt mich besucht und versorgt. Was ihr für einen meiner Geringsten getan habt, das habt ihr für mich getan'" (Mt 25,35–36,40).

Fußballakademie für Weltklasse-Spieler und -Bürger

Wynton Rufer beendete vor 20 Jahren (1998) seine traumhafte Fußballprofikarriere und kehrte mit seiner Familie nach Neuseeland zurück. Seine beiden Söhne Caleb und Joshua wurden auch begeisterte und erfolgreiche Fußballspieler. Ihr Vater erfüllte sich einen Traum: „Ich bin Christ, und meine Träume sind nicht vom Geld bestimmt. Als ich 1996 in Japan spielte, machte ich Urlaub in Neuseeland, und mein alter Trainer zeigte mir einige Talente. Ich wollte fußballerisch etwas aufbauen hier im Pazifik. Deshalb gründete ich eine Fußballschule, die Weltklasse-Spieler und Weltklasse-Bürger hervorbringen soll." Für die Fußballlegende ist Fußball das Spiel des Lebens. Es geht um Teamarbeit, Verantwortung, Solidarität in der Gemeinschaft. Und ums Siegen, das aber nicht das Wichtigste sein soll.

Die inzwischen weltweit bekannte Fußballakademie „Wynton Rufer Soccer School of Excellence" unterrichtet landesweit rund 2000 Kinder zwischen 7 und 15 Jahren. Für Wynton Rufer ist Fußball nur Mittel zum Zweck. Mehr als um den Umgang mit dem Ball geht es Rufer um soziale Werte wie Dankbarkeit, Respekt, Verantwortung, Leistung, Selbstachtung, Solidarität in der Gemeinschaft und Persönlichkeitsentwicklung. Der akkreditierte Botschafter des Weltfußballverbandes möchte vor allem ein Botschafter Jesu Christi sein. Seine Autogrammkarte dokumentiert auch die Unterschrift Gottes in seinem Leben – sozusagen als Einladung an seine Fans, diesen Gott persönlich kennenzulernen: „Ich kann dir nur raten, vertraue dein Leben Jesus an. Er macht es wirklich neu. – Ich bin endlich ein glücklicher Mensch. Früher war ich wie ein Boot, das im Wellengang hin- und hergeworfen wird. Jetzt steht in der tosenden Brandung ein fester Mast, an dem ich mich festhalten und ein Leuchtturm, an dem ich mich orientieren kann. Ich habe mein Leben in Gottes Hände gelegt, und er wird mich führen."

JORGINHO

Der „fairste Spieler der Welt" über Gott als seinen Spielmacher

Der brasilianische Fußballweltmeister (1994) Jorginho fand nach einem exzessiven Leben einen „festen Punkt". Als erster ausländischer Mannschaftskapitän der Bundesliga leitete der missionarische Christ einen Bibelkreis für seine Mitspieler bei Bayer 04 Leverkusen. Die Jungprofis Oliver Pagé und Heiko Herrlich ließen sich von seiner Christusbegeisterung anstecken. Heute unterhält er im Slumviertel von Rio eine Fußballschule. Seine Freundschaft hat mir sehr viel bedeutet.

Der 64-fache brasilianische Fußball-Nationalspieler und Weltmeister (1994) Jorge de Amorim Campos, genannt Jorginho, war in den neunziger Jahren ein gefeiertes Fußballidol, nicht nur in Brasilien, sondern auch in Deutschland. Die brasilianische Fußballlegende Pele bezeichnete damals Jorginho als den zu dieser Zeit „besten Spieler Brasiliens". Karl-Heinz Rummenigge, Manager von Bayern München, wo Jorginho 1994 Deutscher Meister wurde, sprach vom besten ausländischen Spieler der Bundesliga, und Trainerlegende Jupp Heynckes hielt ihn für den komplettesten Spieler der Bundesliga. Franz Beckenbauer bedauerte, dass der Brasilianer nicht in der deutschen Nationalmannschaft spielen konnte. Auch sein Trainer von Bayer Leverkusen, Reinhard Saftig, war untröstlich, als Jorginho nach München wechselte: „Jorginho war der gute Geist der Mannschaft, sportlich und menschlich. Seine Ausstrahlung ist einmalig."

Fußballschule im Armenviertel von Rio

Heute hängt das Herz des inzwischen 54-jährigen Brasilianers an seinen 700 Jungen und Mädchen in Guadalupe, einem Armenviertel von Rio de Janeiro, wo er eine Fußballschule eingerichtet hat. Hier sollen keine Profifußballer gezüchtet werden, sondern verwahrlosten Kindern Überlebenschancen ermöglicht werden. Daneben hat er für die Fußballsaison 2017/18 beim brasilianischen Erstligisten EC Bahia einen Trainer-Vertrag abgeschlossen.

Ich war dabei, als der brasilianische Fußballstar 1989 in der VIP-Lounge des Bundesligisten Bayer 04 Leverkusen voller Erwartung empfangen wurde. Zwei Jahre vorher war er mit dem berühmten Traditionsklub Flamingo Rio brasilianischer Fußballmeister geworden und im gleichen Jahr in die Nationalelf berufen worden. Jorginho und seine Ehefrau Cristina konnten mich bereits als Pastor einordnen; denn Missionare in Brasilien hatten mich gebeten, mich um den brasilianischen Spieler zu kümmern. Mit dem bildhübschen Ehepaar aus Rio und dem Missionar Werner Thomas als Übersetzer verbrachten wir einen unterhaltsamen Abend. Der temperamentvolle Fußballprofi redete wie ein Wasserfall über sein bewegtes Leben mit seinen Höhen und Tiefen.

Kaputte familiäre Verhältnisse

Jorginho kam gleich auf seine Herkunft zu sprechen: „Wenn ich an meine Jugendzeit zurückdenke, war ich beim Fußballspielen am glücklichsten. Gehungert hat unsere Familie mit sechs Kindern zwar nicht, aber wir lebten immer am Rande des Existenzminimums im Elendsviertel von Rio. Mein Vater starb, als ich zehn Jahre alt war. Schon vorher hatte er sich von unserer Mutter getrennt und war für die Kinder natürlich auch nicht da. Erst später begriff ich, wie wichtig der Vater für eine Familie ist. Meine Mutter musste den ganzen Tag in einer Wäscherei arbeiten, weil wir Kinder sonst verhungert wären. Mein ältester Bruder war Alkoholiker und mein jüngster Bruder drogensüchtig."

Vielleicht um von den kaputten familiären Verhältnissen abzulenken, unterbrach Cristina unvermittelt ihren Mann: „Wären Jorgi und ich nicht Christen geworden, wären wir jetzt nicht so glücklich verheiratet." Jorginho schaute mich an und sagte: „Du musst wissen, dass ich früher sehr vergnügungssüchtig war. Ich verdiente viel Geld, fuhr tolle Autos, genoss in vollen Zügen das Nachtleben von Rio und hatte ständig schöne Frauen um mich. Doch mein Herz war leer. In dieser Zeit wurde mein älterer Bruder plötzlich Christ. Jahrelang hatte er unsere Familie tyrannisiert. Wenn er betrunken nach Hause kam, hat er alles zusammengeschlagen. Doch nun änderte sich sein Leben. Er war nicht wiederzuerkennen. Er trank nicht mehr, schikanierte uns nicht mehr und war mit sich selbst zufrieden. Mein Bruder war ein neuer Mensch geworden, und das machte mich stutzig. Denn ich hatte doch alles, was er nicht hatte: Geld, Ruhm und Frauen. Aber ich war unglücklich und er war glücklich."

„Ich fühlte mich wie neugeboren"

Hinzu kam eine schwere Knieverletzung mit einer drei Monate langen Spielpause, die der Fußballspieler einlegen musste. Die Schmerzen wurden immer unerträglicher. In seiner Hilflosigkeit suchte er den Rat seines älteren Bruders Jaime, der ihm unmissverständlich zu verstehen gab: „Du kommst aus dem Teufelskreis deiner Ängste erst heraus, wenn du dein Leben Gott anvertraust." Sein Bruder wusste, wovon er sprach, denn er war selbst aus dem Teufelskreis der Alkoholsucht herausgekommen, aber nicht durch seine eigene Kraft. Gemeinsam besuchten sie eine christliche Kommunität. Sie gesellten sich zu einer Gruppe von sieben Christen, für die der Pastor gerade betete. Jorginho nannte auch seine Probleme. Nach dem Gebet in Jesu Namen waren seine unerträglichen Schmerzen wie weggeblasen. Zunächst war es ihm eher peinlich, was passiert war; denn der christliche Glaube war ihm suspekt. Aber er spürte eine Kraft, die er vorher in seinem Leben nicht gekannt hatte. Diese Erfahrung machte ihn empfänglich für die Botschaft von Jesus Christus. Er fing an, die Bibel zu lesen, besonders die Heilungsgeschichten in den Evangelien. Die Geschichte des Gichtbrüchigen, dem Jesus erst die Sünden vergibt und ihn dann körperlich heilt, verglich er mit seiner Glaubenserfahrung und ließ sich von der vergebenden Liebe Jesu beschenken. Nun fühlte er sich wie neugeboren, wie sein Bruder Jaime.

„Ohne Gott war ich ein jämmerlicher Kerl"

„Was hat sich seitdem in deinem Leben verändert?",
fragte ich den begeisterten Christen. Jorginho strahlte und warf einen lieben Blick zu Cristina. Dann sagte
der einstige Playboy, den die RTL-Sexberaterin Erika
Berger ein Jahr später zum erotischsten Fußballprofi
kürte: „Es ist für Cristina und mich ein Wunder, dass
wir heute so zärtlich und harmonisch miteinander umgehen. Christus wohnt durch seinen Geist in unseren
Herzen. Seine Kraft bewahrt mich davor, meine Frau zu
betrügen. Meine Sexsucht ist geheilt."
Als der Fußballprofi drei Jahre später im Aktuellen
Sportstudio vom ZDF-Moderator Karl Senne provo-
zierend gefragt wurde, ob ihm das Leben ohne seine
Frauengeschichten überhaupt noch Spaß mache, antwortete er: „Ich kenne beide Seiten und weiß, wovon
ich rede. Ohne Gott war ich ein jämmerlicher Kerl, mit
Gott bin ich ein ganzer Mann, der frei entscheiden
kann, was er tut und lässt. Ich erfahre in meiner Familie mit Cristina und unseren drei Kindern Liebe und
Geborgenheit. Ich brauche keine zweifelhaften Vergnügungen mehr; denn die Flucht in den Rausch ist immer
ein Zeichen innerer Leere. Wenn ich heute nach Hause
komme, muss ich nicht verzweifelt nach irgendwelchen
Ausreden suchen, warum ich später gekommen bin. Es
gibt kein Misstrauen mehr zwischen uns." „Hat sich deine Einstellung als Fußballprofi auch verändert?" „Wenn
ich früher nach einem verlorenen Spiel nach Hause

kam, war die Hölle los. Ich war unausstehlich und unnahbar. Ich spiele sehr gerne Fußball, und es ist für mich auch wichtig zu gewinnen. Aber es ist nicht mehr die Hauptsache; denn ich bin innerlich nicht mehr vom Spielergebnis abhängig. Ob Sieg oder Niederlage im Fußball, das stört meinen Seelenfrieden nicht nachhaltig. Ich kann ein Spiel verlieren, weil mein persönlicher Sieg nicht vom Fußball abhängt. Mein Sieg gründet sich auf den Sieg Christi, der mir durch seinen Tod und seine Auferstehung Vergebung meiner Schuld und ewiges Leben erworben hat."

Mannschaftskapitän verschenkt Bibel

Jorginho verpflichtete sich als Fußballprofi für drei Jahre bei Bayer 04 Leverkusen. Der Star der Mannschaft schuf in kurzer Zeit ein Klima der gegenseitigen Wertschätzung, wie es der 17-jährige Junioren-Nationalspieler Heiko Herrlich stellvertretend auch für seine Mitspieler beschrieb. Wie beliebt Jorginho auch bei seinen Leverkusener Fans war, zeigte sich nach seinem Wechsel 1992 zum FC Bayern München. Der Fußballprofi erinnerte sich: „Die erste Begegnung als Spieler Bayern Münchens gegen meine ehemalige Leverkusener Mannschaft im Ulrich-Haberland-Stadion war fast ein Heimspiel für mich. Bei der Mannschaftsvorstellung hatte der Stadionsprecher kaum ‚Jorginho' zu Ende gesprochen, da wurde ich mit tosendem Beifall bedacht.

Wenn ich als Leverkusener Spieler eine Ecke geschossen habe, riefen die Zuschauer im Sprechchor ‚Jorgi, Jorgi'. Das taten sie jetzt auch, obwohl ich das Trikot der gegnerischen Mannschaft trug."

Als bisher erster Ausländer wurde Jorginho in Leverkusen von seinen Mannschaftskameraden zum Kapitän gewählt. Diese Position nutzte er, um dem Spielführer der gegnerischen Mannschaft eine Bibel als Geschenk zu überreichen. Patrick Notthoff, der Kapitän vom MSV Duisburg, sagte zu dieser ungewöhnlichen Aktion: „Bei jedem anderen wäre es lächerlich gewesen. Aber Jorginho ist eine richtige Persönlichkeit. Er hat mir erklärt, warum er das macht. Das ist zwar ungewöhnlich, aber ich fand es toll."

Bibellesen gehörte schon damals für den praktizierenden Christen zum täglichen Brot, weil ihn diese geistliche Speise innerlich stärkt, inspiriert und motiviert. Deshalb bot er seinen Mitspielern jeden Donnerstag in seiner Wohnung einen Bibelabend mit lockeren Gesprächen über Gott, familiäre und berufliche Fragen und Probleme an. Seine Mitspieler Oliver Pagé, Heiko Herrlich und andere fanden einen persönlichen Zugang zu Gott und der christlichen Botschaft.

Von Gott angestrahlt wie unter Flutlicht

Immer wurde Jorginho gefragt, wie er sein persönliches Glaubensverhältnis zu Gott, dem himmlischen

Vater, und seinem Sohn Jesus Christus beschreiben würde. Jorginho versuchte eine Antwort: „Es ist leichter, Fußball zu spielen, als den Glauben an Christus zu erklären. Man muss ihn erlebt haben. Ich möchte es mit einem Bild umschreiben: Wenn wir abends unter Flutlicht spielen, sind wir angestrahlt. Dadurch entsteht ein Schatten, der mich ständig begleitet. Genauso fühle ich mich von Gott angestrahlt, ob ich laufe, stehe oder gehe. Der Schatten begleitet mich, wo immer ich bin. Gott umgibt mich auf allen Wegen. So wie der Schatten mir zeigt, dass ich angestrahlt werde, so spiegelt sich Gottes Wesen in meinem Leben wider. Ich setze mich den Strahlen seiner Liebe aus und werde erwärmt. Deshalb habe ich einen Platz an der Sonne. Diese göttlichen Energiestrahlen sind für mich eine Kraft, die mein Leben total verändert hat. Das sagt schon der Apostel Paulus: ‚Das Evangelium ist eine Kraft Gottes, die glückselig macht alle, die daran glauben' (Röm 1,16). Wenn ich mit einem Menschen über Gott rede, bete ich im Stillen, Gott möge ihn erleuchten durch seinen heiligen Geist. Sonst spielt sich nichts ab. Ich sag dann einfach: ‚Probier es doch mal aus. Stell den Kontakt zu Gott doch einfach mal her. Wenn du nicht den Lichtschalter betätigst, wird dir nie ein Licht aufgehen.' Im Propheten Maleachi heißt es: ‚Wendet euch zu mir, dann will ich mich euch zuwenden und euch helfen, ich, der Herr.'"

Albtraum und Traumerfüllung

Auch als Fußball inzwischen nicht mehr das Zentrum seines Lebens war, schämte sich der brasilianische Nationalspieler nach der unglücklichen WM-Niederlage seiner hochfavorisierten Mannschaft 1990 gegen Argentinien nicht seiner Tränen. Brasilien konnte nicht mehr Weltmeister werden. Nur ungern erinnert sich Jorginho an diese herbe Enttäuschung. „Nach der bitteren Niederlage bin ich zu Cristina gegangen und habe mich in ihren Armen ausgeheult. Ein Traum war für mich zerplatzt. Ich konnte es nicht begreifen, dass wir nach einer so tollen Leistung ausgeschieden waren. Für unsere Spielerfrauen hatten wir bei diesem Weltmeisterschaftsturnier in Italien ein Haus gemietet. Ursprünglich wollten wir uns nach jedem WM-Spiel zu einer gemeinsamen Andacht treffen. Aber wir gewannen in Serie und feierten die Siege ausgelassen. Für Gott hatte die Mannschaft keine Zeit mehr. Aber nach diesem verlorenen Spiel gegen Argentinien gab es nichts mehr zu gewinnen. Wir deprimierten Spieler und unsere Frauen trafen sich mit dem Präsidenten von ‚Atletas de Christo' zu einer Andacht. Der Präsident sprach über jenen großen Sieg, den Gott durch die scheinbare Niederlage am Kreuz errungen hat. Als er fragte, wer diesen Sieg des auferstandenen Jesus über Sünde und Tod für sich persönlich in Anspruch nehmen wolle, haben etliche eine seelsorgerische Aussprache gesucht."

Vier Jahre später, 1994, wurde Brasilien mit Jorginho

Fußballweltmeister in den USA. Nach dem gewonnenen Finale bildeten die brasilianischen Nationalspieler auf dem Fußballrasen einen Kreis und sprachen laut zusammen ein Dankgebet und das Vaterunser. „Diesmal haben wir brasilianischen Fußballweltmeister vor Freude geweint."

Zum fairsten Fußballer der Welt gewählt

Für seine beispielhafte Karriere und sein Verhalten auf und neben dem Spielfeld erhielt der damals 27-jährige brasilianische Fußballprofi Jorginho den Fair-play-Preis des Weltfußballverbandes (FIFA). In dieser Zeit absolvierte der Fußballstar sein fünfjähriges Gastspiel (1989–1994) in der deutschen Fußball-Bundesliga, zuerst bei Bayer Leverkusen und dann bei Bayern München als frischgebackener Deutscher Fußballmeister. Dieser liebenswürdige und glaubwürdige Brasilianer setzte neue Maßstäbe in der deutschen Fußballwelt, die eindrucksvolle Spuren hinterließen. Wer Jorginho begegnete, hatte eine Lektion „Menschenfreundlichkeit" erteilt bekommen, die viele Nachahmer unter seinen Kollegen, Freunden und Bekannten fand.

Fußballschule für Straßenkinder in Rio

Jorginho sprach nicht nur über seine Fußballkarriere und sein gesegnetes Leben mit Gott. Sein heutiges Arbeitsfeld befindet sich immer noch in Rio, wo er als Fußballspieler zuerst bei CR Flamengo und als 64-facher Nationalspieler wiederholt im Maracanã-Stadion vor 80.000 Zuschauern gespielt hatte. Seine langjährigen Fußballkollegen hat er ausgetauscht gegen Straßenkinder aus den Elendsvierteln von Rio. Es sei ein täglicher Überlebenskampf, auf den er sich eingelassen habe. „Wir wollen diesen Kindern der Armut eine Chance geben", sagte der „barmherzige Samariter"; denn sie seien der Nährboden für die Straßenkriminalität, wenn man sie im Stich lasse.

Im Jahr 2000 siedelte er die von ihm gegründete Fußballschule „Bola Pra Frente" („Mit dem Ball nach vorn") in der Favela Guadalupe im Norden von Rio an, wo er selbst aufwachsen war. 700 Jugendliche haben jährlich die Möglichkeit, dort verschiedene Ballsportarten, aber auch den Umgang mit Computern zu erlernen oder berufsvorbereitende Kurse zu besuchen. Stolz berichtete er: „Die Favela Guadalupe hat sich schon ein Stück weit verändert. Die Kids spielen, lesen und schreiben zu sehen, ist mein größtes Glück."

Stiftung „Anstoß zum Leben" in Siegen

Die Gastgeber Manfred und Dagmar Utsch hörten aufmerksam zu. Vielleicht hatte Jorginho unbewusst Pate gestanden für ein ähnliches Jugendprojekt, das die Unternehmerfamilie Utsch fünf Jahre nach seinem Besuch (2009) verwirklichte. „Anstoß zum Leben" heißt ihre regionale Kinder- und Jugendstiftung, die es sich zur Aufgabe gemacht hat, den Jugendsport im allgemeinen, aber insbesondere die Jugendfußballarbeit im Kreis Siegen-Wittgenstein und den angrenzenden Kommunen durch vielfältige Unterstützungsmaßnahmen nachhaltig zu verbessern. Die Stiftung fördert hierbei primär den Breitensport in Vereinen und Schulen, aber genauso Qualifizierungsangebote für Jugendliche zur Optimierung der Leistungsfähigkeit im sportlichen und beruflichen Leben. Insbesondere der Mannschaftssport Fußball soll gefördert werden als nachhaltiges Instrument, um soziale Werte zu vermitteln und eine breitgefächerte, lebensvorbereitende Bildung von Kindern und Jugendlichen zu ermöglichen. Auch Jorginho betonte mir gegenüber immer wieder, wie wichtig in seinem Leben Fußball als sein Spielbein sei, das er aber ohne sein Standbein, dem Gottvertrauen, nicht so erfolgreich hätte einsetzen können. Oder wie mir der ehemalige Bundestrainer Berti Vogts bekannte: „Mein Standbein ist Jesus, mein Lebenselixier."

Gemeinsame Verantwortung für junge Menschen

Utschs großer Traum, die leider wieder abgestiegenen Sportfreunde Siegen irgendwann in die 1. Bundesliga zu führen, wie es Multi-Milliardär Dietmar Hopp mit TSG Hoffenheim schaffte, ist leider nicht in Erfüllung gegangen. Und der Traum vom Jahrhundertspiel seines Vereins gegen den Weltmeister Brasilien von 1994 wurde auch nicht wahr. (Jorginho war mit der brasilianischen Weltmeisterschaftself von 1994 auf Europatournee und hatte mir angeboten, auch ein Spiel gegen Sportfreunde Siegen zu einem Freundschaftspreis auszutragen. Aus terminlichen Gründen aber musste dieses „Jahrhundertspiel im Siegerland" leider abgesagt werden.) Aber das halbprivate „Heimspiel" mit Jorginho hatte sich doch gelohnt, denn sie hatten sich gegenseitig Mut gemacht, mit ihrem Vermögen und ihrer Fußballbegeisterung junge Menschen zu motivieren, mit ihren Gaben aus ihrem Leben das Beste zu machen. Zudem verbindet den deutschen Weltmarktführer und den brasilianischen Weltmeister der christliche Glaube, der sie zu dieser wohltätigen Aktion für die Jugend in Siegen und Rio inspirierte.

HEIKO HERRLICH

Wie der jüngste Torschützenkönig seine fast tödliche Krise bewältigte

Besonders beeindruckt hat mich das spontane Interview mit dem damals (1991) 19-jährigen Jungprofi Heiko Herrlich im VIP-Restaurant von Bayer 04 Leverkusen, das ich noch einmal aufleben lassen möchte. Seit 2017 ist er Cheftrainer desselben Vereins. Auf den Höhepunkt seiner Bilderbuch-Karriere folgte ein fast tödlicher Tiefpunkt. Sein Lebensmotto aus der Bergpredigt Jesu hat sich bewahrheitet: „Gebt nur Gott und seiner Sache den ersten Platz in eurem Leben, so wird er euch auch alles geben, was ihr nötig habt."

Heiko Herrlich gehört zu den erfolgreichsten deutschen Fußballprofis. Er spielte von 1989 bis 2004 258 Mal in der Fußball-Bundesliga für Bayer 04 Leverkusen, Borussia Mönchengladbach und Borussia Dortmund, und erzielte 76 Tore. Seine Erfolgsbilanz ist beeindruckend: Gewinner der UEFA Champions League (1997), des Weltpokals (1997), des DFB-Pokals (1993, 1995) und der Deutschen Meisterschaft (1996, 2002). Er war Torschützenkönig der Bundesliga (1995) und Torschützenkönig des DFB-Pokals (1995). Fünf Mal trug er das Trikot der deutschen Nationalmannschaft. Seit der Saison 2017/18 betreut der heute 45-jährige Fußballer seinen ehemaligen Verein Bayer 04 Leverkusen als Cheftrainer.

Rückblende:
Gespräch mit dem 19-jährigen Jungprofi

Damals trafen wir uns im VIP-Restaurant des Ulrich-Haberland-Stadions zu unserem ersten Gespräch. Ob der Jungstar von Bayer Leverkusen, damals noch eingerahmt von „herrlichen" schwarzen langen Locken, sich hat träumen lassen, dass er zehn Jahre später auf dem Höhepunkt seiner atemberaubenden Fußballkarriere so tief fallen würde, in den Abgrund der irdischen Hoffnungslosigkeit? Denn der bösartige Tumor konnte nicht operiert werden. Herrlich musste damit rechnen, nur noch wenige Wochen oder Monate am Leben zu bleiben.

Mein damaliges Interview hieß: „Der Lebenskampf eines gläubigen Fußballprofis".

Es war im wahrsten Sinne des Wortes ein „herrlicher" Tag. Morgens las ich noch in der Siegener Zeitung unter der Überschrift: „Herrlicher Sieg der deutschen Fußball-Junioren" u.a. folgende Zeilen: „Die deutschen Fußball-Junioren (U21) tanzen mit einem ‚herrlichen' Erfolg in den Mai durch einen 3 : 1-Erfolg. Gegen Belgien verteidigte die Auswahl des Deutschen Fußball-Bundes nicht nur den 1. Platz. Leverkusens Jungstar Heiko Herrlich gelang bereits in der zwölften Minute die 1 : 0-Führung. In der 56. Minute schoss der Bayer-Stürmer das vorentscheidende 2 : 1. Vier Minuten später konnte Ziege nach einem Herrlich-Kopfball zum 3 : 1 abstauben."

Wir hatten das Interview nicht vorbereitet und ich wusste zu diesem Zeitpunkt so gut wie nichts über meinen Interviewpartner. Ein Abenteuer für uns beide. Ich war gespannt. Das Aufnahmegerät lief.

Herrliche Tore des Junioren-Nationalspielers

Den Sportbericht meiner lokalen Tageszeitung über sein Spiel vor zwei Tagen hatte er gerade überflogen. Ich fragte ihn, was er als 19-jähriger Jungstar dabei empfand. Ganz offen antwortete er mir: „Ich freue mich darüber, das ist doch klar. Außerdem ist eine solche Schlagzeile sozusagen bares Geld und steigert meinen Marktwert, würde ein abgeklärter Fußballprofi sagen.

Es ist kein Geheimnis, dass ein Fußballprofi möglichst viel Geld verdienen will, weil er eines Tages nicht mehr spielen kann und irgendwann ausgesorgt haben muss." Den Marktwert steigern ist das eine, aber profitiert er auch in seiner Persönlichkeitserfahrung davon, fragte ich neugierig. „Ich unterscheide zwischen meinem fußballerischen Können und meinem Privatleben. Wenn ich mit meinen Freunden ausgehe, kommt es häufiger vor, dass Leute auf der Straße oder in der Kneipe auf mich zeigen. Anfangs wusste ich nicht so recht, wer mich als Fußballer und wer mich als Mensch annimmt. Inzwischen habe ich dafür ein Gespür bekommen. Mein Bekanntheitsgrad hält sich in Grenzen. Das ist gut so. In meiner Freizeit möchte ich vom Fußball abschalten und ganz was anderes tun."

Leistungsdruck

Herrlich spielte in Kolnau und Emmendingen in der C-Jugend und wechselte danach zum Sportclub Freiburg. Als 15-Jähriger gehörte er bereits zum Kader der deutschen Schüler-Fußball-Nationalmannschaft (U15). Er konnte sich jedoch nicht wirklich durchsetzen, weil er damals noch nicht sehr groß war und daher nie eingewechselt wurde. Mit sechzehn kam dann aber der ersehnte große Wachstumsschub und Bundestrainer Berti Vogts lud ihn zu einem internationalen Fußballturnier nach Leningrad ein, wo er als Stürmer in der U17 auch ein Tor schoss und als Neuentdeckung gefeiert wurde. Es folgten mehrere Spiele in der U18, u. a. auch gegen Schottland vor 40.000 Zuschauern, wo er das entscheidende 1 : 0 schoss. Die Zeitungen berichteten über diese Spiele, sodass sich immer mehr Bundesligavereine für Herrlich interessierten. Nach der Mittleren Reife unterschrieb der Jungstar im Sommer 1989 einen Lizenzvertrag beim TSV Bayer 04 Leverkusen.

Der junge Fußballer verdiente ab sofort mehr Geld als ein Familienvater mit qualifizierter Ausbildung. Dennoch konnte Heiko Herrlich bereits nicht mehr so unbeschwert leben wie früher, sondern war in einem nervenaufreibenden Leistungsbetrieb als Profifußballer eingespannt. „Sehnen Sie sich nach dem Schülerdasein zurück?", wollte ich wissen. Herrlich überlegt kurz. „Einerseits vermisse ich manchmal die übersprungenen Jugendjahre. Andererseits habe ich mit 19 Jahren schon das erreicht, was andere erst zehn Jahre später nicht nur finanziell erarbeitet haben. Dafür bin ich aber täglich einem ungeheurem Leistungsdruck ausgesetzt. Es macht mir aber Spaß, mich dieser Herausforderung zu stellen."

Bei Bayer Leverkusen hatte der Jungprofi von Beginn an routinierte Fußballstars in seiner Mannschaft. Wie fühlte sich das an? Es sei schon komisch, meinte Herrlich, mit Nationalspielern wie Thom, Kirsten und Lesniak konkurrieren zu müssen. Er gab zu, dass er anfangs auf der Tribüne saß, wie „bestellt und nicht abgeholt". Manchmal wollte er resignieren und zu einem anderen

Verein verschwinden. „Durch die Verletzung von Thom bekam ich dann die Chance, mich als Bundesligaspieler zu bewähren, wurde von Spiel zu Spiel besser und habe auch Tore geschossen. Ich bin eigentlich sehr zufrieden mit meiner bisherigen Entwicklung als Fußballprofi."

„Jedes Fußballspiel ist ein Abenteuer"

Ich wollte wissen, was ihn am Fußball so reizt. Seine Augen leuchteten. „Jedes Spiel hat seine eigenen Gesetze. Wenn wir gerade 7 : 0 gewonnen haben, fängt am kommenden Samstag wieder ein ganz neues Spiel an. Auf einem anderen Platz, mit anderen Zuschauern, mit anderen Gegenspielern und anderen taktischen Strategien. Der Reiz eines Fußballspiels liegt auch darin, dass Außenseiter gewinnen können. Jedes Spiel ist immer wieder ein Abenteuer mit unberechenbaren Risiken. Ich weiß allerdings auch nicht immer im Voraus, was ich spielen werde. In meinem Alter bin ich noch erheblichen Schwankungen ausgesetzt, Hochs und Tiefs geben sich die Hand. Allmählich lerne ich durch gezieltes Training eine konstante Leistung zu bringen." Schließlich interessierte mich, wie er sich mental auf den Wettkampf vorbereitet. Er erklärte mir, dass er sich möglichst schon vorher auf die zu erwartenden Zweikämpfe, Flanken und sogar Torschüsse vorbereite. Wie in einem Film lasse er mögliche Aktionen in seinem

Kopf ablaufen und versuche, sich darauf einzustellen. „Bisher habe ich beobachtet, dass ein Spiel meist dann gut lief, wenn ich mich darauf gefreut und voll konzentriert habe. Natürlich muss ich auch körperlich fit sein. Es gibt auch Tage, wo sich buchstäblich nichts abspielt, weder im Kopf noch in den Beinen. Die Motivation klappt nicht, weil der Kopf ‚satt' ist und keine neuen Informationen speichern möchte. Dann weiß ich schon vor dem Spiel, dass ich gleich den Ball verlieren und nicht energisch nachsetzen werde." Herrlich bedaure, auf solche psychischen Mechanismen noch zu wenig Einfluss zu haben. Gleichzeitig sei er sich sicher, in fünf Jahren weiter zu sein und den seelischen Druck viel besser verarbeiten zu können. „Als Jungprofi habe ich bei der Mannschaft und den Zuschauern noch einen gewissen Bonus. Aber mit 25 Jahren muss das alles stimmen." Und wird er in der Zwischenzeit mit Niederlagen fertig?

„Eine Niederlage lässt mich natürlich nicht kalt und drückt meine Stimmung. Ich habe gelernt, zwischen meiner Funktion als Fußballprofi und Privatmann strikt zu trennen. Trotz einer sportlichen Niederlage fühle ich mich in meinem Privatleben nicht eingeengt. Deshalb kann ich trotzdem mit meinen Freunden abends fröhlich sein. Im Übrigen sage ich mir: Es gibt wichtigere Dinge im Leben als das Fußballspiel."

Was im Leben am wichtigsten ist

Ich staunte, als der junge Mann mir sagte: „Der Glaube an Gott ist die größte Motivation für mein Leben." Dann zitierte er seinen Leitsatz, der aus Jesu Bergpredigt stammt: „Sorget euch darum, dass Gott bei euch geehrt wird und dass unter seiner Herrschaft etwas Gerechtigkeit unter euch geschieht. Das Übrige wird euch dazugegeben" (Mt 6,33). „Auf diesem Glaubensfundament stehe ich erst seit einem Jahr, aber es ist für mich unerschütterlich." Hier musste ich nachhaken. „Haben Sie vorher nicht an Gott geglaubt?"

„Meine Eltern waren früher keine praktizierenden Katholiken, haben mich aber katholisch taufen lassen. Und nach der Kommunion war ich mit zehn Jahren sogar ein ganzes Jahr lang Ministrant. Aber damals habe ich nicht kapiert, was da passiert, jedenfalls nicht bewusst. Die Zeremonien liefen an mir vorbei wie ein flüchtiger Film, den ich längst vergessen habe. Gott war für mich eher so ein Wunschautomat, der meine Bitten erfüllen sollte. Irgendwie ahnte ich, dass es einen Gott geben müsste, und ich sehnte mich auch nach einem festen Halt im Leben. Ich wusste nur nicht, wo ich suchen sollte." Als ich ihn fragte, wie und wo er dann eigentlich zu Gott gefunden habe, schwärmt Herrlich von seinem Mannschaftskameraden Jorginho aus Brasilien. Jeden Donnerstagabend fand in seiner Wohnung ein Bibelgespräch statt, zu dem er seine Mitspieler einlud. „Ich muss ehrlich sagen, dass ich die Leute überhaupt

nicht verstanden habe, wenn sie von ihren Glaubenserfahrungen sprachen und am Ende so beteten, als sei
Gott ihr Freund, mit dem sie alles besprechen könnten." Trotzdem zog es Herrlich immer wieder dorthin,
„weil die Leute etwas hatten, was mir fehlte, eine innere
Ausstrahlung. Wer Jesus hat, hat das Leben. Und sie
glaubten an Jesus." Aus diesem Grund ging der junge
Fußballspieler immer wieder dorthin und fing auch an,
selbst in der Bibel zu lesen. „Ich legte sie aber meistens wieder weg", grinste er und fuhr fort: „Bis ich eines
Tages auf das Wort Jesu stieß, das ich vorhin schon
zitiert habe. Wir sollen dafür sorgen, dass Gott unter
uns geehrt werde."

Vorbild im Konkurrenzkampf

Doch warum sprach ihn gerade dieser Bibelvers an,
wollte ich wissen. Herrlich stellte fest: „In unserer Welt
spielt Gott keine Rolle mehr. Gefragt sind nur noch materielle Werte. Und als Mensch wirst du nur noch ernst-
genommen, wenn du einen angesehenen Beruf hast,
viel Geld verdienst und ein schönes Auto fährst. Wir
leben doch im totalen Kapitalismus. Wer überleben will,
schwimmt mit. Der Mitmensch wird als Rivale angesehen. Dieser erbarmungslose Konkurrenzkampf wird
nicht nur im Profigeschäft ausgefochten, sondern in
fast jedem Beruf. Dadurch entstehen Missgunst, Hass
und Aggressionen. Und das Schlimmste daran ist, dass

ich irgendwie mitmische. In diesem Bibelkreis lernte ich Menschen kennen, die füreinander da waren und den andern nicht nach seinem Verdienst einstuften. Ich stellte mir vor, wie schön es wäre, wenn alle Menschen Christen wären."

Ich wollte nun doch genauer wissen, wie er im Trainingslager, in der Umkleidekabine oder während eines Spiels bemerkt hatte, dass sein berühmter Mitspieler Jorginho seinen Glauben auch im Alltag praktizierte, bevor dieser ihn in seinen Bibelkreis einlud. „Als ich mit siebzehn Jahren zu Bayer Leverkusen kam, gab es eine Kluft zwischen mir, dem gerade flügge gewordenen Hinterwäldler, und den routinierten Fußballprofis Thomas Hörster und anderen Mitspielern, die meine Väter hätten sein können. Ich wurde manchmal behandelt wie ein kleiner Junge, der erst noch ein Mann werden muss. Und dann kam Jorginho in die Mannschaft. Er hat meine Situation sofort erkannt, sich mit mir freundschaftlich unterhalten und mich als gleichwertigen Mannschaftskameraden akzeptiert. Das hat mir unheimlich gut getan. Ich fragte mich, warum er das tut. Er hatte es als Weltklassespieler und Herz der Mannschaft doch gar nicht nötig, sich so intensiv um den jüngsten und unerfahrensten Mitspieler zu kümmern. Schließlich hatte er als 45-facher brasilianischer Nationalspieler von uns allen am meisten erreicht. Während andere Spieler mir durch ihr Imponiergehabe klarmachten, wer den Ton angibt, hat Jorginho sich in meine Lage hineinversetzt." Und dann zitiert Herrlich wieder aus Jesu Bergpredigt: „Behandelt den anderen Menschen genauso, wie ihr selbst behandelt werden wollt." Jorghino habe sich wie Jesus verhalten. „Das hat mich beeindruckt und motiviert. Wer zum Beispiel im Training einen Fehler macht, muss so etwas wie einen Spießrutenlauf machen. Mir wurde oft zu Unrecht der schwarze Peter in die Schuhe geschoben; denn der Starke hat das Recht und der Schwache muss ihm zur Erreichung seines Zieles dienen. Bei Jorginho war das anders. Er konnte sich zu seinen Fehlern bekennen." Eine Frage ließ den jungen Fußballer trotzdem nach wie vor nicht los: Wieso verhielt sich Jorghino so, woher nahm er die Kraft zu einem solch vorbildlichen Verhalten, hatte er es doch aufgrund seiner fußballerischen Fähigkeiten am wenigsten nötig? Schließlich hatte der Brasilianer einen großen Einfluss auf die Mannschaft und kam mit den meisten Spielern gut aus, auch wenn er noch leichte sprachliche Schwierigkeiten hatte. Doch schließlich verstand es Herrlich: „Die Antriebskraft und Motivation holt er aus seinem Glauben an Christus."

„Ich schwimme nicht mehr mit dem Strom"

Im Zeitalter der Emanzipation, der Selbstverwirklichung, klingt es fast altmodisch, wenn ein junger Spitzensportler seine Freiheit aufgibt und sich an Jesus bindet. Ich wollte wissen, was Herrlich seinen Kritikern sagt. Er stritt ab, dass er seine Freiheit aufgegeben

hätte, stattdessen habe er Gott sein Leben ordnen lassen. „Nachdem ich Christ geworden bin, fühle ich mich erst richtig frei. Frei von der Angst vor dem Tod, frei von Menschenmeinungen, frei von Schuld durch Vergebung. Vorher habe ich mich an materielle Werte geklammert, irgendwelche Menschen idealisiert, auf sie mein Vertrauen gesetzt. Aber ich wurde enttäuscht, weil ich zu hohe Erwartungen in sie gesetzt und mich von ihnen abhängig gemacht hatte." Diese sklavischen Abhängigkeiten habe er gelöst und sich freiwillig an das Liebesgebot Christi gebunden. Wieder zitierte er aus der Bibel: „Du wirst Gott, deinen Herrn, lieben von ganzem Herzen … und deinen Nächsten wie dich selbst."
„Weil Gottes Liebe für mich Wirklichkeit geworden ist, bin ich imstande, mich selbst mit meinen Fähigkeiten zu lieben. Das bedeutet für mich Freiheit. Natürlich werde ich weiterhin die Anweisungen meines Trainers ernst nehmen oder den Rat meines Freundes überdenken. Aber bei mir liegt die Freiheit der Entscheidung, die ich in der Verantwortung vor Gott treffen möchte. Ich bin dabei, diese Verhaltensweise einzuüben."

Und wie verhielt sich der junge Christ gegenüber Freunden, die seine Glaubenseinsicht nicht teilen konnten? „Ich schwimme jetzt nicht mehr mit dem Strom", stellte Herrlich klar. „Früher habe ich mich der Gruppenmeinung oft kritiklos unterstellt. Ich habe mich von meinen Freunden ziemlich abhängig gemacht, bin mitgeschwommen und habe mich drangehängt, weil ich keine Alternative hatte. Jetzt sage ich frei heraus, was ich denke und glaube, und wenn es meinen Freunden nicht passt, haben wir Pech gehabt. Mein Orientierungsrahmen ist das Evangelium. Daran möchte ich mich halten, auch wenn es für andere eher ungewöhnlich ist." Doch Herrlich betonte auch, dass er seinen Freunden natürlich die Freiheit lasse, sich so zu entwickeln, wie es ihnen passt. Er nehme sie so an, wie sie sind, auch wenn sie nicht an Gott glauben. Sie tolerierten ihn als Christ, das mache das gute Verhältnis aus. „Aber ich nehme mir das Recht heraus, zu meiner christlichen Überzeugung zu stehen und danach zu handeln und mich nicht von ihnen abhängig zu machen. Wenn sie mich deshalb auslachen wollen, sollen sie es tun. Für mich ist die gegenseitige Achtung ein Bedürfnis und ein Akt der Nächstenliebe."

Leben zur Ehre Gottes

Natürlich interessierte mich jetzt, für wen Heiko Herrlich Fußball spiele. Er sei überzeugt, dass er sein Leben nicht sich selbst zu verdanken habe, sondern seinem Schöpfer. Er sei „kein biologischer Zufallstreffer", sondern von Gott erschaffen und gewollt. „Er hat mir Fähigkeiten und Talente gegeben, die ich entfalten möchte zu seiner Ehre. Mein Arbeitsfeld ist das Fußballfeld. Hier versuche ich, das Beste zu geben und zu seiner Ehre zu spielen."
Doch das war schon einmal anders, ergänzte Herrlich.

Früher habe er nur gut spielen wollen, um vor seiner Freundin, seinen Eltern oder sich selbst bestehen zu können und bewundert zu werden. Das sei seine einzige Motivation gewesen. Aber er betonte, dass er natürlich auch für sich selbst spiele und sich über den Beifall der Fans freue. „Aber darin erschöpft sich nicht mehr mein Glück. Gottes Ehre soll an erster Stelle stehen. Das macht mich innerlich frei und zufrieden. Was ich für Gott tue, hat einen unvergänglichen Wert. Ich tue es nicht aus meinem Leistungszwang heraus, um meinen himmlischen Marktwert zu steigern, sondern aus Dankbarkeit. Alles, was ich bin und habe, verdanke ich meinem Schöpfer." Diese Glaubensperspektive habe seinen Lebenshorizont erweitert. Es würde für ihn immer unwichtiger, ob er ein großes oder kleines Auto fahre, ob er viel oder wenig Ruhm habe. Das alles sei doch letztlich vergänglich und verliere irgendwann seinen Wert. „Auch das schönste Haus ist eines Tages vom Erdboden verschwunden."

Wichtig sei für ihn, Zeichen der Liebe zu setzen, menschlich mit anderen auszukommen und nicht nur für sich, sondern auch für andere zu leben. „Danach wird Gott mich einmal fragen, wenn ich wie alle vor ihm Rechenschaft ablegen muss."

Dieses Gespräch fand zehn Jahre vor seiner bösartigen Krebserkrankung statt. Als ich davon erfuhr, fragte ich mich: Würde Heiko Herrlich in seiner zunächst ausweglosen Lage an Gott verzweifeln?

„Ich habe mit dem Fußball abgeschlossen"

Als der talentierte Torjäger nicht mehr die Geschwindigkeit der Bälle einschätzen, nicht mehr schnell genug reagieren konnte, links und rechts doppelt sah, ließ er sich untersuchen. Die niederschmetternde Diagnose am 9. November 2000 lautete: Tumor im Mittelhirn, nicht operabel. Es ging um Leben und Tod. Heiko Herrlich stand einige Tage unter Schock. Seine Ehefrau Sangita war zu diesem Zeitpunkt im dritten Monat schwanger. Beide freuten sich auf ihr erstes Kind. Dann sagte er zu seiner Frau: „Es hat noch keiner geschafft, ewig auf Erden zu bleiben. Irgendwann müssen wir doch alle gehen. Ob mit oder ohne Hirntumor. Ich kann nicht tiefer fallen als in Gottes Hand."

Der Todeskandidat ordnete sein Leben, löste Konflikte in seiner Umgebung und war bereit zu gehen. Im Aktuellen Sportstudio sagte er: „Ich habe mit dem Fußball abgeschlossen. Die schlimmste Zeit während meiner Krebserkrankung wurde zu meiner glücklichsten, nachdem ich den Schutt meines Lebens vor Gott bekannt und Frieden in meinem Herzen hatte. Ich war bereit, den Weg zu gehen, den er mit mir gehen will."

In dieser Zeit kamen täglich wäschekörbeweise Fan-Briefe auf der Geschäftsstelle von Borussia Dortmund an. Der Tenor der über 2000 Briefe und Postkarten, selbst vom erbitterten Konkurrenten Schalke 04, war: „Hoffentlich wird Heiko Herrlich wieder gesund." Und auch: „Wie unwichtig ist Fußball angesichts dieser Tragik." Später erfuhr der beliebte Fußballprofi, dass die Fans auf der legendären Südtribüne des Westfalenstadions vor jedem Spiel seinen Namen skandiert hatten.

Fünf Wochen nach der Diagnose brachte eine Biopsie ans Tageslicht, dass dieser Tumor in seinem Kopf bösartig war, aber sensibel für Bestrahlung. Das war für Heiko Herrlich wie ein Sechser im Lotto, dass es plötzlich neue Hoffnung gab. Dennoch war die Strahlentherapie die schlimmste Zeit seines Lebens, wie er sich erinnerte: „Mein Kopf fühlte sich an, als hätte man mir mit einem Hammer auf den Schädel geschlagen. Wie eine ständige Gehirnerschütterung. Ich nahm sieben Kilo ab. Ich konnte nichts mehr schmecken, nichts mehr riechen. Mir fielen die Haare aus. Jeden Tag ging wieder ein Stück Lebensqualität flöten. Ich fiel in eine schwere Depression. Aber der Tumor war tatsächlich geschmolzen, wie es mir die Ärzte prophezeit hatten. Von da an ging es bergauf." Herrlich sagte, er habe vieles gewonnen durch die Krankheit. Vor allem die alltägliche Dankbarkeit dafür, wenn die Menschen um ihn herum gesund seien. Alles andere sei ohnehin zweitrangig. „Sehen Sie: Ich war Champions-League-Sieger, Weltpokalsieger, Nationalspieler, Fußballprofi mit einem gut gefüllten Konto. Dann wurde ich krank und wollte nur noch überleben. Gottes Liebe ist der Mittelpunkt meines Lebens." Und Herrlich fügte hinzu: „Aller Dank mündet zuletzt ein in den Dank an Gott, der mir solche Menschen an die Seite gestellt hat und mich durch diese Tage getragen hat. Durch Gott habe ich immer wieder neuen Trost und Kraft und inneren Frieden erfahren. Das ist eine Erfahrung, die ihren Wert auch über diese Wochen hinaus behalten wird und die ich auch anderen von Herzen wünsche. Den Menschen, die an einer ähnlichen oder der gleichen Erkrankung leiden wie ich, möchte ich Mut zusprechen und gute Besserung wünschen."

Cheftrainer bei Bayer 04 Leverkusen

Nach seiner schweren Krebserkrankung sammelte Herrlich in den letzten 13 Jahren unterschiedliche Erfahrungen als Trainer beim Deutschen Fußball-Bund, bei Regional- und Bundesligavereinen, zuletzt stieg er mit Jahn Regensburg 2017 in die zweite Bundesliga auf. Seit der Fußballsaison 2017/18 ist er Cheftrainer bei Bayer 04 Leverkusen.

Für den Trainer gibt es vier Leistungsfaktoren: „Technik, Taktik, Athletik und Persönlichkeit. Letztlich ist die Persönlichkeit ausschlaggebend für die Profikarriere. Wer dabei nur an sich denkt, hat bereits verloren. Eine erfolgreiche Mannschaft besteht für mich aus elf Dienern."

Auf die Frage, ob beispielsweise junge Spieler bei Jahn Regensburg auch für den Glauben aufgeschlossen gewesen seien, antwortet er: „In Regensburg hatten wir vier, fünf Christen, die regelmäßig in die Kirche gingen oder Bibelkreise besuchten. Bei anderen hat man gemerkt, dass sie sich für den Glauben interessierten und spürten, dass es etwas Höheres und Wichtigeres als einen selbst gibt. Ab und zu habe ich dann auch vor der Mannschaft aus der Bibel vorgelesen. Auch hier in Leverkusen gibt es Spieler, die Bibelkreise besuchen und ihren Glauben leben."

Auf die Frage, ob er auch in Leverkusen seinen Spielern in der Kabine Bibelverse vorlesen wird wie in Regensburg, antwortet der Cheftrainer: „Ich nehme mir das nicht prinzipiell vor. Aber wenn es in bestimmten Situationen passt, werde ich es sicherlich tun. Allerdings nicht aus missionarischen Gründen. In der Bibel findet man viele Stellen, die im Alltag ein guter Wegweiser sein können."

OLIVER PAGÉ

Warum ein Fußballprofi promovierter Theologe und Pastor wurde

Der 17-jährige Oliver Pagé gehörte zum Kader der Junioren-Nationalmannschaft sowie des Bundesligisten Bayer 04 Leverkusen. Sein geistlicher Ziehvater Jorginho würde sich wundern, wenn er wüsste, was aus dem Sohn eines nigerianischen Vaters und einer deutschen Mutter geworden ist. Ich traf den heute 46-jährigen Sportsmann (2017) zu einem Gespräch über seinen Werdegang zum diplomierten Fußballlehrer, DFB-Cheftrainer in Afrika, Scout beim 1. FC Köln, promovierten Theologen und ordinierten Pastor kurz vor Weihnachten 2017.

Anfang der 90er-Jahre hatte Jorginho als Mannschafts-kapitän von Bayer 04 Leverkusen dem 17-jährigen Jungprofi in seinem Bibelkreis den ersten Anstoß zum christlichen Glauben gegeben. Damals war auch der ebenfalls 17-jährige Jungprofi Heiko Herrlich dabei, der seit 2017 Cheftrainer des Bundesligisten Bayer 04 Leverkusen ist. Ich treffe den heute 46-jährigen Oliver Pagé (2017) im Stadion des Regionalligisten TSV Steinbach, wo er Jugendliche trainiert. Wenn Jorginho diese Zeilen liest, wird er staunen, welch fruchtbare Saat des Evangeliums er in Leverkusen gesät hat.

Im Bibelkreis mit Jorginho und Heiko Herrlich

Damals machte Pagé seine ersten Gehversuche als Jungprofi beim Bundesligisten Bayer 04 Leverkusen und durfte den brasilianischen Superstar Jorginho kennenlernen. „Jorginho war Weltklasse und überragte alle anderen Spieler", so Pagé. „Normalerweise gibt es unter den Spielern einer Bundesligamannschaft eine Hackordnung: Ganz oben die Stars, dann die übrigen Stammspieler und unten die Ersatzspieler und Jungprofis. Wir da ganz unten waren es eigentlich nicht gewöhnt, von den Großen sonderlich beachtet zu werden. Und ausgerechnet der Superstar behandelte uns Jungprofis auf Augenhöhe wie seinesgleichen. Er interessierte sich für unsere Hobbys und motivierte uns beim Fußballspiel. Weil er uns so sympathisch war, besuchten Heiko und ich auch seinen Bibelkreis. Da haben wir gemütlich zusammengesessen. Jorginho hat aus der Bibel vorgelesen, wie Jesus respektvoll mit Menschen umgegangen ist. Wir haben auch über unsere menschlichen Probleme gesprochen. Anschließend wurde gebetet. Wer wollte, konnte seine Bitten und seinen Dank vor Gott aussprechen, wie man sich auch mit einem guten Freund unterhalten würde. Das war für mich sehr gewöhnungsbedürftig; denn solch eine persönliche Beziehung zu Gott kannte ich nicht, obwohl ich als Christ getauft war. Je länger ich dabei war, umso mehr faszinierte mich dieser natürliche Umgang mit der Bibel und mit Gott."

„Jesus, komm in mein Leben"

Oliver Pagé, der zum Kader der U18-Nationalmannschaft gehörte, hatte sein Debüt als 17-jähriger Bundesligaspieler mit seiner Leverkusener Mannschaft gegen den 1. FC Kaiserslautern. Im Spiel gegen Bayern München unter Trainer Jupp Heynckes erzielte er sogar ein Tor und war mächtig stolz, gegen Stars wie Stefan Effenberg und Olaf Thon spielen zu dürfen.
Zur Bundesliga-Saison 1991/92 wechselte er zum Bundesligaverein Dynamo Dresden. Hier spielte er mit dem zehn Jahre älteren René Müller in derselben Mannschaft. Als er den welterfahrenen Dresdener Torwart auf Gott ansprach, erntete er nur Spott und Hohn. Und die Fans pfiffen ihn wegen seiner schwarzen Haut-

farbe aus; denn sein Vater war Nigerianer, seine Mutter Deutsche. Die rassistischen Anfeindungen innerhalb und außerhalb des Vereins machten ihm zu schaffen. Oft saß der Fußballprofi auf der Ersatzbank und fühlte sich zusehends unverstanden und benachteiligt. Trost und Verständnis fand er im Dresdener Bibelkreis von „Sportler ruft Sportler". Hier vertiefte sich sein Gottvertrauen und er traf eine bewusste Entscheidung für Gott: „Ich bat Jesus, mir meine Schuld zu vergeben und betete zu ihm: ‚Komm in mein Leben und übernimm die Führung'. Es war wie eine warme innerliche Dusche", sagt er rückblickend. „Ich wusste mich einfach von Jesus als Mensch bedingungslos angenommen. Er ist mein Erlöser, mein täglicher Ansprechpartner, der mich durchs Leben begleitet über den Tod hinaus."

Nachdem Mannschaftskollege René Müller wider Erwarten im Trainingslager in Griechenland das Neue Testament studiert hatte, wagte es Oliver Pagé noch einmal, den atheistischen Mannschaftskapitän anzusprechen. Diesmal wollte er ihn zum Bibelkreis einladen. Und welch ein Wunder! René Müller war wie verwandelt und freute sich sogar auf die Gemeinschaft mit Christen im Bibelkreis.

Doktorarbeit über Sport und Spiritualität

Im nächsten Jahr spielte Oliver Pagé beim Regionalligisten Rot-Weiß Essen, der in die Bundesliga aufstieg.

Trotz intensiven Bittens des Trainers lehnte der 22-jährige Pagé eine Vertragsverlängerung ab, um eine zweijährige theologische Ausbildung in England zu absolvieren. Anschließend schloss er in Deutschland sein theologisches Studium mit der Ordination eines evangelisch-freikirchlichen Pastors ab. Seine Freikirche stellte den ehemaligen Fußballprofi für den überregionalen Dienst als Sportpastor frei, um innerhalb der bestehenden Gemeinden Sportvereine zu gründen. So haben sich im Stuttgarter „Gospel Forum" über vierhundert Sporttreibende organisiert.

In der Hennes-Weisweiler-Akademie der Kölner Sporthochschule erwarb Oliver Pagé seine Lizenz als Fußballlehrer. An der Columbia International University krönte er sein Masterstudium mit einer Doktorarbeit über Sport und Spiritualität. Im Rahmen der Sportförderung des Auswärtigen Amtes, des Deutschen Fußball-Bundes und des Deutschen Olympischen Sportbundes sowie mit Privatverträgen war er mehrere Jahre Cheftrainer im Auslandseinsatz, u. a. in Ägypten und Kenia. Seit einigen Jahren ist er im Leistungsbereich Nachwuchs-Scouting für den Bundesligisten FC Köln tätig.

Im Jahr 2017 verlieh ihm die reformierte Fakultät der János-Selye-Universität Slowakei den Doktortitel (PhD) für seine Dissertation zum Thema „Coaching im Kampf des Lebens". Im Mittelpunkt dieser wissenschaftlichen Arbeit stehen die neutestamentlichen Sportmetaphern im Kontext christlicher Handlungsweisen, bei denen die neutestamentlichen Schreiber den Leser wie einen

Trainer coachen. Pagé schreibt, dass sich die christliche Ethik an den offenbarten „Zehn Geboten" sowie an dem „Doppelgebot der Liebe", der Gottes- und Nächstenliebe, orientiere. Die Standfestigkeit und die Enthaltsamkeit fungieren als verbindende Komponente bei den Sportmetaphern. Die biblische Standfestigkeit harre unter schwierigen Bedingungen aus, vermag als Ausdruck der Liebe das Böse zu ertragen, gäbe in schwierigen Situationen und im Leid nicht auf und sei fähig, auf Gott zu hoffen, obwohl es äußerlich keinen Grund zur Hoffnung gebe. Mit der biblischen Enthaltsamkeit sei keineswegs die Askese, Leib- und Weltverachtung gemeint, sondern der bewusste und beherrschte Umgang mit Gemütsregungen, Essen, Trinken und im Besonderen der Sexualität. Im weiteren Verlauf der Arbeit erörtert Pagé die Sportmetaphern und ihren ethischen Wert. Zunächst gehe es ums Trainieren in der Gottseligkeit, anschließend ums Kämpfen, danach um die drei Sportdisziplinen Boxen, Laufen und Ringen, schließlich ums Siegen und um die Belohnung. Das Trainieren in der Gottseligkeit verlange der Apostel Paulus von seinem „Coach" Timotheus. Mit dem Terminus Gottseligkeit werde keine neue Eigenschaft in das Neue Testament eingeführt, sondern es könne darunter u. a. Glaube, Hoffnung und Liebe verstanden werden. Paulus spricht vom Kampf im Reich Gottes. Der Lauf stehe als Metapher für die christliche Lebensführung, Durchhaltevermögen des Spitzensportlers bei Bedrängnissen und Verfolgung. Der Trainierte, der siegreich Kämpfende, der Boxende, der Laufende und der Ringende würden letztendlich mit dem Siegeskranz der Herrlichkeit, Gerechtigkeit und des Lebens von Gott belohnt, also mit der ewigen Gottesgemeinschaft. Die These lautet, dass die neutestamentlichen Schreiber den Leser anhand der Sportmetaphern darin coachen, den Ringkampf des Lebens bis zum Tod oder der Wiederkunft Jesu anzunehmen und siegreich zu gestalten. Dabei seien Standhaftigkeit und Enthaltsamkeit wichtige Eigenschaften. Der erfolgreiche Abschluss des Kampfes werde mit der ewigen Gemeinschaft mit Gott belohnt, bei der es keine Schmerzen, kein Leid, keine Krankheit und keine Trauer mehr gäbe, sondern ewige Glückseligkeit in der Gegenwart des Höchsten.

Mit der Gewissheit und hoffnungsvollen Erwartung des Paulus endet Oliver Pagés Dissertation. „Ich habe den guten Kampf gekämpft, ich habe den Lauf vollendet, ich habe den Glauben bewahrt; fortan liegt mir bereit die Krone der Gerechtigkeit, welche der Herr, der gerechte Richter, mir zur Vergeltung geben wird an jenem Tage; nicht allein aber mir, sondern auch allen, die seine Erscheinung lieben" (2Tim 4,7).

RENÉ MÜLLER

Ein DDR-Nationaltorwart findet zum christlichen Glauben

Der überzeugte Atheist, für den jedes Spiel eine heilige Messe war, reagierte mit Spott und Hohn auf die überzeugten Christen Pagé und Jorginho. Trotzdem las er im Trainingslager in Griechenland das komplette Neue Testament durch. Aus dem Saulus wurde ein Paulus. Auf der Autofahrt von Leipzig nach Köln erzählte mir der heute 58-jährige legendäre Fußballtorhüter, der seit sechs Jahren als Scout bei Borussia Mönchengladbach beschäftigt ist, in der Adventszeit 2017 seine dramatische Lebensgeschichte.

Jeder Fußballfan in der ehemaligen Deutschen Demo-
kratischen Republik kennt die Torwartlegende René
Müller. Seit einem halben Jahrhundert ist der 48-fache
Nationalspieler im Fußballsport immer noch aktiv. Zuerst als Torwart, dann als Trainer und seit sechs Jahren
als Scout beim Bundesligaklub Borussia Mönchengladbach.

Den Höhepunkt seiner Fußballkarriere erlebte der „Star
der Mannschaft" in den 80er-Jahren mit seinem Heimatverein Lokomotive Leipzig, dem Paradepferd der
damaligen DDR. Der zweifache Pokalsieger der DDR
erreichte nach einem 6 : 5 im Elfmeterschießen gegen
Girondins Bordeaux das Finale des Europapokals der
Pokalsieger. Torwart René Müller hielt zwei Elfmeter
und verwandelte selbst den entscheidenden Elfmeter
zum Sieg. 100.000 Zuschauer im überfüllten Leipziger Zentralstadion feierten am 22. April 1987 den Held
des Tages. Auch die westdeutsche Sportpresse sprach
vom Weltklassetorwart, der zwei Jahren hintereinander
zum „Fußballer des Jahres" gewählt wurde.

Seine Kindheit verbrachte Müller in Markkleeberg,
einer kleinen Stadt vor den Toren Leipzigs. Er wuchs
in geordneten Verhältnissen auf. Sein Vater hatte ein
Friseurgeschäft und seine Mutter war Kindergärtnerin.
„Meine Kindheit war traumhaft schön bis zu meinem
elften Lebensjahr, als ich in die Fußballklasse der Leipziger Kinder- und Jugendsportschule aufgenommen
wurde, die ich bis zur zehnten Klasse besuchte. Leipzig
war damals das Mekka des Sportzentrums, das auch

von westdeutschen Spitzensportlern bewundert wurde. Im Rückblick an die Fußballzeit war ich in den Jugendjahren mit den Trainingslagern glücklicher als in meiner Profizeit."

Torwartspiel als Leitmotiv seines Lebens

Als Zehnjähriger trat Müller in den Verein 1. FC Lokomotive Leipzig ein, für den er 20 Jahre spielte und dort zur Symbolfigur des Leipziger Fußballs wurde. Das Torwartspiel wurde für ihn im Laufe der Jahre zum Leitmotiv seines Lebens. Wie kam es dazu? „Hinfallen und aufstehen, hinfallen und aufstehen, immer wieder. Ich bin kein Rheinländer, der von Natur aus optimistisch ist – ich bin ein Sachse, der gelernt hat, dass Liegenbleiben alles noch schlimmer macht. Ein guter Torwart muss leidensfähig sein. Fußballspielen gelernt habe ich bei meinem Heimatverein BSG Aktivist Markkleeberg. In einem Turnier gegen die großen Vereine der Stadt Leipzig stellte ich mich ins Tor, um das Schlimmste zu verhindern. Ich war beweglich, weil ich auch zweimal in der Woche zum Turnen ging. Ich habe so gut gehalten, dass Lokomotive Leipzig auf mich aufmerksam wurde." Müllers Profikarriere ging dann steil nach oben, auch weil ihm Menschen in schwierigen Situationen beistanden. Dabei denkt Müller vor allem an seinen Trainer, der ihn zu Lokomotive Leipzig geholt und ihn über viele Jahre begleitet hatte. „Gerade zwischen dem 14. und

17. biologischen Alter darfst du die Spieler nicht nur nach der momentanen Leistung einschätzen, sondern musst das Talent dahinter sehen. In dieser Phase müssen Spieler, die in ihrer biologischen Entwicklung weit zurück sind, weiter beobachtet und gefördert werden. In Höhen und Tiefen hat er an meinem Talent festgehalten." Müller sieht indes rückblickend auch einiges kritisch. Weil sein Trainer ihn immer wieder motivierte und harte Trainingsmethoden anwandte, hatte er bereits als 16-Jähriger massive Knorpelschäden, die er aber wegen des Erfolgszwangs hinnahm. „Das war die Kehrseite der Medaille. Dieses Handicap war mit ständigen Schmerzen verbunden, sodass ich mit 28 Jahren körperlich kaputt war."

Als Junioren-Nationaltorwart im Wembley-Stadion gefeiert

Mit Lokomotive Leipzig bestritt Müller allein 39 Europacupspiele, in Mailand, Glasgow, Paris und Barcelona. Sein Tor verteidigte er gegen Superstürmer wie Maradona, Platini, Laudrup und van Basten. Auch sein Traum ging in Erfüllung, einmal im Londoner Wembley-Stadion zu spielen. Das war im Halbfinale der Junioren-Europameisterschaft gegen England. Geradezu euphorisch wurde er von der britischen Sportpresse als einer der besten Torleute gefeiert, die je auf der Insel gehalten haben. Was bewirkte ein solcher Motivationsschub für einen 21-jährigen Fußballer? Die Euphorie habe nicht lange gehalten, räumte Müller ein, auch wenn die Mannschaft sich aufgrund seiner überragenden Leistung für das Endspiel qualifiziert hatte. In dieser Junioren-Nationalmannschaft war Müller Auswechselspieler. Mit 18 Jahren hatte er sein erstes Spiel gemacht und in den folgenden drei Jahren nur neun Spiele, sonst saß er auf der Bank. Doch sein Trainer hielt an ihm fest. Als dieser dann die Olympiamannschaft übernahm und später die Nationalmannschaft, für die Müller 48 Mal spielte, saß er zunächst auch auf der Ersatzbank, bis der endgültige Durchbruch kam.

„Stasi-Chef Erich Mielke wollte mich kaltstellen"

Durch den Fußball kam der DDR-Bürger in der Welt herum, nicht nur im Ostblock, sondern auch in den westlichen, kapitalistischen Ländern. Er bekam verlockende Angebote auch aus der Bundesrepublik Deutschland und hätte viel Geld verdienen können. Warum schlug er die Fluchtmöglichkeit aus? „Viele Sportkollegen haben diese Chance genutzt. Als wir in Hagen mit der Junioren-Nationalmannschaft gegen die BRD-Elf spielten, sagte mein Vater vor der Abreise: ‚Mein Sohn, wenn du abhauen willst, dann nimm jetzt die Chance wahr. Du bist 17 Jahre alt, und die Welt steht dir offen. Ich kann dir hier nichts bieten. Aber drüben geht für dich die Tür auf.' ‚Aber was soll ich da ohne Familie, ich bin allein', entgegnete ich meinem Vater. ‚Aber wenn du hierbleiben willst', sagte er, ‚beachte drei Dinge: Erstens: Lass dich niemals politisch erpressen. Zweitens: Treib dich nicht in den Bars mit bösen Weibern herum. Drittens: Mach keine krummen Geschäfte und bestiehl niemanden.' Diesen väterlichen Spruch habe ich erst später verstanden, und er hat mir geholfen. Nicht nur im sozialistischen, sondern besonders auch im kapitalistischen System. Bei uns im Osten gab es nur eine Ölsardinenbüchse, jetzt gibt es noch viel mehr davon. Die Gesetzmöglichkeiten sind überall gleich."

Der berüchtigte und gefürchtete Stasi-Chef Erich Mielke wollte den Fußballstar willkürlich loswerden. Müller hatte Bodo Rudwaleit vom BFC Dynamo im Tor der Nationalmannschaft abgelöst, der das Lieblingskind des Stasi-Chefs Erich Mielke war. Daraufhin wollte Mielke Müller kaltstellen. „Die Inszenierung ging so weit, dass meine Eltern getrennt voneinander verhört wurden. Obwohl die Stasi-Leute wussten, dass ich mich zu diesem Zeitpunkt in Leipzig befand, sagten sie zu ihnen: ‚Ihr Sohn hat sich ins Ausland abgesetzt.' Es war perfide. Schon kurz nachdem ich Rudwaleit verdrängt hatte, musste ich Repressalien über mich ergehen lassen. Ich hatte ständig das Gefühl, überwacht zu werden. Ab 1985 habe ich mich nur noch im engsten Familienkreis bewegt. Zu anderen Menschen hatte ich das Vertrauen verloren."

„Mit der Bibel konnte ich als Atheist nichts anfangen"

Bei der deutschen Wiedervereinigung 1989 war Müller 31 Jahre alt. Die meisten DDR-Fußballnationalspieler wie Thomas Doll, Andreas Thom, Ulf Kirsten und Matthias Sammer wechselten zu westdeutschen Bundesligaklubs und verdienten viel Geld. Müller blieb seiner Heimat treu und spielte von 1991 bis 1994 bei dem neuen Bundesligisten Dynamo Dresden. Im Spiel gegen Bayer 04 Leverkusen tauschten die Vereine vorher ihre Vereinswimpel. Und der Leverkusener Kapitän Jorginho schenkte dem Sachsen eine Bibel. Müller war zunächst verwirrt. Als überzeugter Atheist konnte er damit überhaupt nichts anfangen. Ob er sie denn lesen würde, fragte Jorginho Müller. Dieser antwortete gelangweilt, er habe da bisher noch nicht reingeguckt, aber würde es vielleicht ja mal tun. Und er ergänzte: Wie Dynamo Dresden im jetzigen Abstiegskampf bestehen werde, stünde da wohl nicht drin. Jorginho blieb nur ein Lächeln übrig, denn der Schiedsrichter musste das Spiel anpfeifen.

In derselben Zeit wurde Dynamo Dresden verstärkt durch Oliver Pagé von Bayer 04 Leverkusen, der dort zusammen mit anderen Bayer 04-Profis – wie zum Beispiel mit dem damals 18-jährigen Heiko Herrlich – einen Bibelkreis von Jorginho besuchte. Bald darauf sprach der neue Spieler aus Leverkusen Müller auf Jesus an. Der antwortete Pagé: „Mach dir keinen Kopf – bevor ihr Christen eine Chance verdient habt, lasst die Kommunisten erst mal 70 Jahre regieren." Pagé sprach ihn daraufhin nie wieder dazu an. „In dieser Lebensphase habe ich mal die Bibel aufgeschlagen, aber schnell wieder zugemacht. Dann entdeckte ich in meiner Umkleidekabine ein Neues Testament im Taschenformat vom Gideon-Bibelbund. Ich legte es in meinen Spind und wollte es im Trainingslager in Griechenland lesen."

„Im Trainingslager habe ich das komplette Neue Testament durchgelesen"

„Haben Sie es wirklich getan?", fragte ich neugierig. „Zunächst gab es Probleme. Die Spieler sind immer in Zweibettzimmern untergebracht. Und als Mannschaftskapitän sollte ich keine Sonderrechte einfordern, meinte der Trainer. Ich bestand aber auf ein Einzelzimmer, weil ich ein wichtiges Buch durchlesen müsse und dabei nicht gestört werden möchte. Schließlich gab der Trainer nach. So habe ich im Trainingslager das komplette Neue Testament studiert, vom Matthäus-Evangelium bis zur Offenbarung des Johannes."
Verblüfft wollte ich wissen, was dabei herausgekommen war. „Die Geschichte von Jesus von Nazareth und seine Wunder haben mir erstaunlicherweise keine intellektuellen Probleme bereitet. Aber ich stand vor der quälenden Frage: Wie kann ein Mensch Karfreitag gekreuzigt werden und Ostersonntag wieder auferstehen?

Ein halbes Jahr lang habe ich mich mit diesem Problem herumgeschlagen. Dann habe ich mich in Dresden einem Bibelkreis von ‚Sportler ruft Sportler' angeschlossen, wo ich Oliver Pagé auch getroffen habe. Der Bibelkreisleiter Werner Chmell wurde mein Seelsorger."

„Mein totaler Zusammenbruch vor Gott"

Seine Fußballkarriere beendete René Müller abrupt wegen eines chronischen Knorpelschadens im Knie 1994 beim FC St. Pauli in Hamburg. Er stand, so sagte er, als Sportinvalide ohne Arbeit und ohne Einkommen auf der Straße. Ein halbes Jahr später brach er am Sterbebett seines Vaters zusammen. „Er war an Krebs erkrankt, und wir konnten nicht mehr miteinander reden. Ich habe nur noch seine Hand festgehalten. Ich konnte mich nicht mehr mit ihm versöhnen. Zum ersten Mal wusste ich, was Schuld ist. Ich bin nach Dresden gefahren, habe eine Kerze angezündet, bin auf die Knie gegangen und habe gebetet: ‚Gott, wenn es dich gibt, mach aus meinem beschissenen Leben, was du willst.' Es war ein totaler Zusammenbruch."

Nach diesem Stoßgebet suchte Müller seelsorgerliche Gespräche und beschäftigte sich intensiv mit der Bibel. Bis heute sei es ihm ein Wunder, dass er plötzlich an die Auferstehung Jesu glauben konnte: „Ein unbegreifliches Geschenk. Sechs Wochen nach meiner Kapitulation vor Gott habe ich meinen Seelsorger

Werner Chmell in seiner Dresdener Wohnung besucht, der mich mit den Worten empfing: ‚René, ich glaube, es ist soweit.' ‚Was meinst du?', fragte ich ihn verwundert. ‚Ich möchte dir im Namen Jesu die Hände auflegen, wie es die Urchristen praktiziert haben, wenn sie um die Gabe des Heiligen Geistes gebeten haben.' Dann hat sich Werner hinter mich gestellt und mir die Hände aufgelegt. Bald darauf habe ich durch den heiligen Geist erkannt, dass ich mich im Namen des Vaters, des Sohnes und des Heiligen Geistes taufen lassen musste, wie es Christen bis auf den heutigen Tag tun."

„Katholische Kirchen sind überall offen"

Ein Christ kann ohne Kirche, ohne Gemeinschaft mit anderen Christen nicht leben. Ich wollte wissen, wie Müller es mit der christlichen Gemeinschaft hält. „Ich bin bis heute mit gläubigen Christen verschiedener Konfessionen verbunden. Aber seit meiner Bekehrung habe ich ein fast unlösbares Problem, weil ich nach meiner Spieler-Karriere als Fußballtrainer in ost- und westdeutschen Vereinen tätig war und seit sechs Jahren als Scout, als Spielerbeobachter in ganz Europa praktisch sieben Tage die Woche unterwegs bin und nur selten zu Hause bei meiner treuen Ehefrau sein kann. Weil ich so gut wie nie vor Ort bin, kann ich nicht Teil einer Kirchengemeinde werden. Dennoch kann ich Jesus weiter folgen."

Zu Hause fühle er sich im Augenblick in der katholischen Kirche. Überall, wo er hinkomme, ob in Spanien, Rumänien, Bulgarien oder Litauen, finde er geöffnete katholische Kirchen und nehme – wenn es seine Zeit erlaubt – an der heiligen Messe teil. Papst Benedikt XVI. war ihm eine große Hilfe auf dem Weg des Glaubens sowie dessen Bücher „Salz der Erde" oder „Jesus von Nazareth". „Letztlich bin ich überall zu Hause, wo das urchristliche Bekenntnis im Mittelpunkt steht: Der Glaube an Jesus Christus, dem Gekreuzigten und Auferstandenen, der auch mein Erlöser ist."

„Jesus ist für mich die Auferstehung und das Leben"

Was bedeutet das für den ehemaligen Atheisten, wenn er bekennt: „Ich versuche, Jesus nachzufolgen"? Müller antwortete: „Ich glaube, dass er mir niemals die Hand entzieht, wenn ich ihn nicht loslasse. Er ist meine Gegenwart und Zukunft, die Auferstehung und das Leben. Ich habe mich bewusst für Jesus entschieden und habe den heiligen Geist empfangen. Ich will mit ihm einschlafen und aufwachen. Im Hochgebet der katholischen Kirche preisen wir Gott durch Jesus, ‚in Ihm und mit Ihm und durch Ihn'. Ich möchte also in IHM, in Jesus, sein."
Als der Leverkusener Mannschaftskapitän Müller vor Spielbeginn eine Bibel überreichte, wusste er damit

überhaupt nichts anzufangen. Heute ist die Christusbotschaft, das Wort Gottes, sein tägliches Brot. „Welche Jesus-Geschichten haben Sie zuerst angesprochen?", fragte ich ihn. „Als Jesus den Hilfeschrei der Aussätzigen und Ausgestoßenen erhört und ihnen seine ganze Liebe und heilende Kraft zuteilwerden lässt, bedingungslos und ohne Vorleistung. So habe ich es auch erfahren, als ich vor ihm niederkniete und mein kaputtes Leben ihm übergab. So wie der Blinde am Straßenrand schrie: ‚Herr Jesus Christus, erbarme dich meiner', und wieder sehend wurde, so hat Jesus meine Augen geöffnet für seine Versöhnung am Kreuz und seine Auferstehung, um auch mir ewiges Leben zu schenken. Er schließt keinen Menschen aus, egal, was er verbrochen hat, wenn er – wie ich – sein ganzes Vertrauen auf ihn setzt."

„Mensch, ich bin dir gut"

Die nichtchristlichen Religionen stellen unerfüllbare moralische Forderungen: „Mensch, sei gut!" Der christliche Glaube jedoch hat einen therapeutischen Ansatz: „Mensch, ich bin dir gut." René Müller praktiziert in seinem Glaubensleben das sogenannte Herzensgebet, das auch viele Ordensleute seit 2000 Jahren täglich beten: „Beim Einatmen beten sie ‚Herr Jesus Christus' und beim Ausatmen ‚erbarme dich meiner oder unser!'" Müller sagte darüber: „Bei mir ist es ein alltägliches Gebet geworden, das in meinem Herzen ständig präsent ist. Es überkommt mich automatisch und vermittelt mir die unmittelbare Nähe Jesu. Du sitzt in Frankfurt im Restaurant, um dich herum gestresste, ruhelose Menschen, und dann betet es in dir: ‚Herr Jesus Christus, erbarme dich unser.' Du sitzt auf der Trainerbank, und im Spiel deiner Mannschaft geht es drunter und drüber. Dann ist das Herzensgebet plötzlich da. Du bist stundenlang auf der Autobahn unterwegs und kannst jederzeit mit deinem ‚Beifahrer' sprechen: ‚Herr Jesus Christus, erbarme dich meiner.' Ich erfahre täglich, wie es Jesus seinen Jüngern verheißen hat, bevor er diese sichtbare Welt verließ: ‚Siehe, ich bin bei euch alle Tage bis ans Ende der Welt.'"

„Jedes Spiel war für mich eine heilige Messe"

Müllers Glaubensbekenntnis als Atheist hieß: „Ohne Fußball ist alles nichts." Jedes Spiel war für ihn eine heilige Messe, die nicht ohne ihn stattfinden durfte. „Fußball war meine Religion. Das habe ich aber erst später begriffen. Fußball war mein Lebensinhalt, so weit, dass ich für Fußball alles geopfert habe. Ich habe alles dem Fußball untergeordnet und mich dem Moloch Fußball total hingegeben mit Haut und Haaren. Von 1982 bis 1993 habe ich trotz meines schmerzhaften chronischen Knorpelschadens alle Punkt- und Pokalspiele bestritten, ohne auch nur ein Spiel ausgesetzt zu haben. Alles habe ich für den Fußball getan, auch mich selbst geopfert. Die bedingungslose Hingabe an diesen ‚Fußballgott' war für mich eine zerstörerische und atheistische Religion.

Nach wie vor verdiene ich mit diesem Spiel meinen Lebensunterhalt. Es ist einfach ein wunderbares Spiel, aber eben nur ein Spiel, nicht mehr."

Wechselbeziehung zwischen Vergötzung und Verzweiflung

Viktor Frankl, der weltbekannte Begründer der Logotherapie, dem ich wiederholt begegnet bin, spricht von einer Wechselbeziehung zwischen Vergötzung und Verzweiflung: Wenn ich als von Gott geschaffener Mensch meinen Schöpfer nicht mehr anbete und verehre, verfalle ich selbstgemachten Götzen, denen ich mich letztlich sklavisch ausliefern muss und die mich am Ende in die Verzweiflung führen. Daraus erwächst eine Sucht infolge einer ungestillten religiösen Sehnsucht. Kann Müller das nachvollziehen? Er erzählte mir, dass er gerade in der letzten Woche in der Bibel einen solchen Tatbestand im Römerbrief gelesen habe. Da schreibt der Apostel Paulus an die christliche Gemeinde in Rom: „In ihren Gedanken sind die Menschen einem eitlen Wahn verfallen und ihr unverständliches Herz wurde verfinstert. Während sie vorgaben, weise zu sein, wurden sie zu Toren und vertauschen die Erhabenheit des unvergänglichen Gottes mit Bild und Gestalt von vergänglichen Menschen, denen sie Anbetung und Verehrung darbrachten." Auf den Fußball übertragen, bedeute das für Müller, wenn er den Fußball zu seinem Gott mache, *wolle* er nicht mehr bloß spielen, sondern er *müsse* spielen und werde süchtig. Wenn er Geld zu seinem Gott mache, wolle er nicht mehr nur Geld verdienen, sondern alles drehe sich um den Mammon, der ihn versklave.

Glücksmomente in der Gemeinschaft mit Jesus

Am Ende unseres mehrstündigen Autobahngesprächs von Leipzig nach Mönchengladbach zogen wir eine Fußball- und Lebensbilanz. René Müller bestritt als Kapitän der DDR-Nationalmannschaft 48 Länderspiele, wurde als „Star von Lokomotive Leipzig" dreimal Pokalsieger und bestritt mit dieser Vorzeigemannschaft 39 Europapokalspiele. Zweimal wurde er zum „Fußballer des Jahres" gewählt. Was bedeutete es ihm heute, dass Jesus Christus durch seinen Tod am Kreuz und seine Auferstehung den Pokal des ewigen Lebens erworben hat im Vergleich zu den Pokalsiegen auf dem Fußballplatz?

„Wenn Sie den Fußballpokal in die Hand gedrückt bekommen, sind es vielleicht hundertstel Sekunden, in denen Glückshormone ausgeschüttet werden. Und irgendwann kommt der bittere Nachgeschmack. In der darauffolgenden Woche musst du schon wieder zeigen, was du drauf hast. So hetzt du von einem Erfolg zum anderen und stehst unter einem wahnsinnigen Erfolgszwang, bis du am Ende nicht mehr kannst. Irgendwann ist alles vorbei und zerplatzt wie eine schillernde Seifenblase. So gewonnen, so zerronnen. Das ist bei Jesus total anders. Meine Glaubenserfahrung lehrt, dass diese Glücksmomente in der Gemeinschaft mit ihm trotz mancher Leiderfahrungen unvergänglich sind, im Leben und im Sterben. Ich kann nicht tiefer fallen als in seine Hand. Das ist ein unbeschreibliches Glück, das vielleicht vergleichbar ist mit der Ausschüttung von Glückshormonen, die aber nicht nur hundertstel Sekunden anhalten, sondern ewig dauern. Das ist der unvergängliche Siegespokal, den Jesus für uns gewonnen hat und mit dem Christen sich identifizieren können."

ROBERT ENKE

Die Angst des Torwarts vor dem Leben

Robert Enke, der sich in seiner Verzweiflung am 10. November 2009 vor einen Zug warf, hatte vieles mit René Müller gemeinsam. Beide legendäre National-Torhüter sind gebürtige Sachsen und haben in ihrer aktiven Zeit alles für den Fußball geopfert. Der depressive Robert Enke aber wurde von der Hoffnungslosigkeit verschlungen. In seiner Traueransprache im überfüllten Fußballstadion in Hannover sagte DFB-Präsident Theo Zwanziger: „Fußball ist nicht alles. Denkt nicht nur an den Schein. Denkt auch an das, was in den Menschen ist, an Zweifel und Schwäche."

Es lohnt sich, noch einmal an die größte Trauerfeier in der Geschichte der Bundesrepublik seit dem Tod Konrad Adenauers zu erinnern. Die Nachricht am 10. November 2009 vom Tod des deutschen Nationaltorwarts Robert Enke schlug in Deutschland wie eine Bombe ein und versetzte das Land in einen Schockzustand. Es wurde zum bestimmenden Thema in den Nachrichtensendungen und auf Titelseiten der Zeitungen. Niemand zögerte auch nur einen Moment, diesen selbst gewählten Tod eines einzelnen Menschen zum wichtigsten Thema des Tages zu machen.

Wenden wir uns dem Lebensschicksal des Fußballprofis Robert Enke zu. Seine Geschichte wiederholt sich in der professionellen Fußballwelt je länger je öfter, wie ich sie als Seelsorger immer wieder erlebt habe.

Achterbahnfahrt eines Fußballprofis

Der kleine Robert wird als fantastischer Fußballer beschrieben. Schon in jungen Jahren habe es kaum ein Turnier gegeben, bei dem er nicht zum besten Torwart gewählt wurde. Als das Ausnahmetalent neun Jahre alt war, sagte der Trainer zu seinem Vater Dirk Enke: „Robert wird mal Nationalspieler." Der Diplompsychologe ließ seinen Sohn auf dem Sportgymnasium in seiner Heimatstadt Jena ausbilden, wo Robert auch seine spätere Ehefrau Teresa kennenlernte. Seine fußballerischen neun Lehrjahre absolvierte das Ausnahmetalent

bei seinem Heimatverein FC Carl Zeiss Jena. Als Fußballer übersprang Robert Altersklassen, wurde immer
vorzeitig aus seiner Truppe herausgenommen und als
Jüngster in eine höhere Altersklasse gestuft. Dadurch
kam es immer wieder zu Krisen, weil er Angst hatte,
nicht mit den Älteren mithalten zu können.

Der 15-Jährige musste schmerzhaft die Trennung
seiner Eltern miterleben. Drei Jahre später spielte er
bereits in der Zweitligamannschaft von FC Carl Zeiss
Jena. Im Jahr 1996 wechselte Enke als jüngster Bun-
desligatorwart zu Borussia Mönchengladbach, von wo
er drei Jahre später mit Trainer Jupp Heynkes von Benfica Lissabon verpflichtet wurde. Hier wurde er mit 24
Jahren Mannschaftskapitän und als Publikumsliebling
gefeiert. Nach drei erfolgreichen Spielzeiten bei Benfica Lissabon wechselte er zum FC Barcelona und saß
nur noch auf der Ersatzbank. Sein Trainer Louis van
Gaal empfing ihn mit den Worten: „Also ich habe dich ja
nicht geholt und kenne dich nicht einmal." Aber er gab
ihm eine Chance im Pokalspiel gegen einen Drittligis-
ten. Der deutsche Torwart ließ drei Tore durch und wurde öffentlich heftig kritisiert. Schließlich wurde er auch
von der Ersatzbank gestrichen.

Der erste Karriereknick förderte die Krankheit zutage.
Der depressive Fußballprofi flüchtete in die Türkei zu
Fenerbahçe Istanbul, was jedoch nicht die erhoffte
Wende brachte. Dem dortigen Trainer Christoph Daum
klagte er sein Leid, das ihn aber nicht verließ. Schon
das erste Saisonspiel geriet zur Katastrophe und wurde

verloren. Für die 50.000 Fans stand der Schuldige im Tor. Er wurde beschimpft, mit Münzen und Feuerzeugen beworfen. Enke kündigte seinen Vertrag, wurde ein Jahr arbeitslos und heuerte im Januar 2004 beim spanischen Zweitligisten CD Teneriffa an. Nach sechs Monaten schließlich wechselte er zu Hannover 96, wo er sein sportliches Glück fand. Enke wurde Leistungsträger, dann Kapitän und schließlich Nationaltorwart. Hier sollte er mit Lob überschüttet und Publikumsliebling werden.

Die geliebte Tochter Lara stirbt

Das glückliche Ehepaar Robert und Teresa Enke freute sich auf die langersehnte Geburt ihrer Tochter Lara, bei der aber ein vorgeburtlicher schwerer Herzfehler diagnostiziert werden sollte. Die Eltern glaubten, mit viel Liebe würde alles gut werden. 2004 wurde Lara geboren und über eine Magensonde ernährt. Drei schwere Herzoperationen folgten. Nach zwei Jahren starb das geliebte Kind, und die Eltern waren untröstlich. „Vor ihrem Tod kann ich nicht davonlaufen", sagte der Vater. „Ich weiß, dass ich mich damit abfinden muss." Bald darauf adoptierten Robert und Teresa Leila. Die Prioritäten verschoben sich für den Profi. Fußball war nicht mehr das Wichtigste in seinem Leben. Aber die Depressionen kehrten auch ohne Versagensängste zurück, aus Angst vor Repressalien, aus Furcht vor einem

Rauswurf aus der Nationalmannschaft und zuletzt aus Sorge, die adoptierte Tochter könnte dem Paar aufgrund seiner Erkrankung wieder weggenommen werden.

„Wie traurig ich bin"

Als der leidgeprüfte Fußballprofi am Ende seines Lebens wegen einer Infektion als Nationaltorwart nicht einsatzfähig war, sagte er über seinen Seelenzustand: „Ich muss nicht mehr jeden Tag verkünden, wie traurig ich bin. Ich hab andere Dinge mitgemacht, die schwieriger waren als diese Infektion." Er sprach über die Schockdiagnose für das ungeborene Kind, über die drei chirurgischen Eingriffe am offenen Herzen und über die zerschlagene Hoffnung, dass Lara doch ein normales Leben führen könnte. Aber sie starb. Wie er als gefeierter Star des Benfica Lissabon zum FC Barcelona wechselte und die Kraft hatte, ein tiefes Tal zu durchschreiten.

„Ich bin nicht gläubig", gab Enke unumwunden zu. „Ich weiß nicht, ob jemand das Leben lenkt. Aber so viel weiß ich: Man kann es nicht ändern. Man muss sich mit einer Verletzung abfinden, man muss sich damit abfinden, wenn man ein Spiel verliert."

Für die Fußballweltmeisterschaft 2010 in Südafrika wurde Robert Enke nominiert. Ein großer Traum sollte in Erfüllung gehen. Aufgrund seiner monatelangen Infektionskrankheit erteilte ihm Jogi Löw jedoch eine Absage. Eine bittere Enttäuschung für den Fußballprofi.

„Fußball ist mein Lebenselixier"

Jahrelang hatte Teresa alles versucht, ihren geliebten Mann seelisch aufzubauen und immer wieder Mut zum Leben zu machen. Fußball habe ihm Halt gegeben, sagte sie rückblickend. Er habe sich von seiner Mannschaft angenommen gewusst. Seine Welt habe durch das tägliche Training und den Rhythmus der Spieltage eine Struktur gehabt. Gleichzeitig gab sie aber auch zu: „Einerseits hat ihm der Fußball geholfen. Andererseits hat ihn der Fußball auch immer wieder fertiggemacht." Sie habe versucht, ihm Perspektiven und Hoffnung zu geben, ihm zu sagen, dass es außer Fußball noch andere Dinge gebe, für die es sich zu leben lohne, und dass er sich in ärztliche Behandlung begeben müsse. Aber er glaubte, in seiner Fußballwelt dürfe seine Depression auf keinen Fall öffentlich werden, denn der Fußball war alles, er war sein Leben, sein Lebenselixier, es hat ihm Halt und Kraft gegeben. Das tat auch die Mannschaft, als es ihm scheinbar ein bisschen besser ging. Wie oft habe er gesagt: „Das ist das Einzige, was ich will und gerne mache. Aber der Fußball treibt mich auch dahin, nie zufrieden zu sein. Ich darf nicht versagen. Wenn ich mal nicht der Beste bin, bin ich der letzte Arsch." Robert hatte panische Angst davor, dass etwas öffentlich werden würde, dass alles herauskommen könnte und er als Spieler und Mensch nicht mehr stattfinden würde.

Ein Zug überrollt den Publikumsliebling

Noch an seinem Todestag, Dienstag, dem 10. November 2009, habe man den 33-jährigen Fußballprofi darum gebeten, endlich eine stationäre Therapie anzutreten, dies habe er aber mit einem gespielten Optimismus abgelehnt. Nur 2,5 Kilometer von seinem Bauernhof bei Eilvese nahe Hannover, parkte er seinen Geländewagen neben den Schienen, stellte sich auf das Gleis und wartete, bis um 18.17 Uhr der Regionalexpress 4427 auf dem Weg von Bremen nach Hannover auf ihn zukam und ihn überrollte. In seinem Abschiedsbrief entschuldigte er sich dafür, dass er seine wahre Verfassung verschleiert habe, um seinen Selbstmord vorbereiten zu können.

Der beliebte Torwart von Hannover 96 hatte noch zwei Tage zuvor in der AWD Arena gegen den Hamburger SV gespielt und anschließend den Fans an der Absperrung die Hände abgeklatscht und Autogramme geschrieben.

Trauerandacht und Trauermarsch
durch Hannover

Ganz Deutschland war bestürzt über den tragischen Tod eines vorbildlichen Fußballhelden. Die Repräsentanten der Sportwelt, aber auch Bundeskanzlerin Merkel und Minister de Maizière sowie Fußballprofis und Fans waren unter den 800 Menschen in der überfüllten Marktkirche von Hannover, die zum Trauergottesdienst mit Landesbischöfin Margot Käßmann gekommen waren. Draußen standen noch weitere 3000 Trauernde in Vereinskluft mit „96-Trikots" und Fanschals.

Die Pastorin sagte in der Trauerandacht unter anderem: Der Tod Robert Enkes zeige, wie zerbrechlich und gefährdet das Leben sei. Hinter Glück, Erfolg und Beliebtheit könnten abgrundtiefe Verzweiflung und Einsamkeit liegen, die Menschen an ihre Grenzen führten. Nichts auf dieser Erde, nicht einmal anerkannte Leistung könne uns bewahren vor dem Abgleiten in seelische Tiefen, wenn wir keinen anderen Halt hätten als äußerliche Glückskriterien. Wir sollten das Leistungsdenken aufgeben, das allein den Starken, Schönen und Erfolgreichen sehe. Es gehe darum, dem anderen zuzugestehen, dass er seine starken Seiten zeigen und leben könne und trotzdem Schwächen eingestehen dürfe. Die Gesellschaft müsse sich bewusst werden, dass der Mensch kein perfektes Wesen sei. Kein Fußballritual könne den Trost ersetzen, den der christliche Glaube gebe. Weil unser christlicher Glaube um Leid, Not und

Tod wüsste. Weil wir nicht nur Sieger kennen, sondern weil auch die Verlierer vor Gott angesehen seien.

Nach dem Trauergottesdienst versammelten sich spontan 35.000 Menschen zu einem Trauermarsch zur AWD-Arena.

Ein Stadion voller Trauer

Am darauffolgenden Sonntag wollten 100.000 Menschen bei der Abschiedsfeier in der AWD-Arena dabei sein, die aber nur 45.000 Plätze hat. Der Sarg des verstorbenen Nationaltorhüters war im Mittelkreis des Stadions aufgebahrt. Auf der Anzeigetafel wurden Bilder von Robert Enke eingeblendet.

Fünf Fernsehstationen übertrugen die 70-minütige Trauerfeier live. In seiner Einleitung sagte Pfarrer Heinrich Plochg: „Misserfolg, Niederlagen und Schicksalsschläge gehören dazu. Das sind keine Schwächen, die man wegtrainieren kann, auch wenn das unsere Gesellschaft oft verlangt." Der Abschied von Enke hatte Dimensionen eines Staatsbegräbnisses. DFB-Präsident Theo Zwanziger appellierte in seiner Rede an die Menschlichkeit und forderte einen Blick über den Sport hinaus: „Fußball ist nicht alles. Denkt nicht nur an den Schein. Denkt auch an das, was in den Menschen ist, an Zweifel und Schwäche." Alle seien aufgerufen, nach der Trauer das Leben in Maß und Balance mit Fairplay und Respekt zu gestalten, das Kartell der Tabuisierer und Verschweiger müsse durchbrochen werden. Bundestrainer Jogi Löw sagte das Länderspiel gegen Chile ab. Alle Nationalspieler verneigten sich am schlichten Holzsarg, der von Blumengebinden und einem Herz aus weißen Rosen umgeben war. Nach der Andacht von Pfarrer Heinrich Plochg trugen die „96"-Profis den Sarg zum Song „The Rose" und dem Fußball-Kultlied „You'll never walk alone" aus dem Stadion.

Und der Himmel steht mir offen

Vielleicht hätte Robert Enke seinem Leben kein gewaltsames Ende gesetzt, wenn er sich in Gott geborgen und von ihm verstanden gewusst hätte, wie es der Psalmbeter ausspricht: „Und ob ich schon wanderte im finsteren Tal, fürchte ich kein Unglück; denn du bist bei mir …" In Anlehnung an das tragische Lebensschicksal von Robert Enke habe ich ein Gebet getextet, das man auch auf die Melodie von „The Rose" singen kann:

Wenn der Himmel sich verfinstert
und das Dunkel mich erschreckt,
wenn der Sturmwind mich erschüttert
und der Regen mich durchnässt,
lass mich nicht im Regen stehen,
schirme mich in deiner Hand.
Den Orkan zu überstehen,
gibst du mir dein Unterpfand.

Meine Kräfte sind am Ende,
und das Chaos tobt in mir.
Gibt es wirklich eine Wende,
kommt die Hilfe nur von dir.
Du hast selbst das Tal durchschritten,
das mir einen Ausweg zeigt.
Du hast meine Angst durchlitten,
denn du bist mir zugeneigt.

Herr, ich kenne deinen Namen,
der mir Heil und Frieden schenkt.
Und du kennst auch meinen Namen,
weil du ständig an mich denkst.
Darum will ich dir vertrauen,
ob in Freude oder Leid.
Lass mich deine Liebe schauen
jetzt und auch in Ewigkeit.

Wenn mein letztes Spiel gekommen
und der Schlusspfiff dann ertönt,
lass mich bitte zu dir kommen,
weil du dich mit mir versöhn't.
Und der Himmel steht mir offen,
welch ein Glanz in deinem Reich.
Danke, dass du mich getroffen
und beschenkt hast überreich.

Gewissheit, dass etwas Sinn hat

Der Fußballverein Hannover 96 betonte in der Todesanzeige den Vorbildcharakter seines verstorbenen Ka-
pitäns und Publikumslieblings noch einmal:

„Menschen wie Robert sind wie Sterne.
Sie strahlen hell,
auch wenn es für alle dunkelste Nacht ist.
Sie sterben nicht,
sondern leben in unsern Herzen weiter.
Wir trauern um einen besonderen Menschen,
der uns mit seinem Wesen bereichert hat
und für uns alle
ein menschliches Vorbild war und bleibt."

An Robert Enkes Grabstelle auf dem Friedhof von Emp-
ede bei Hannover steht ein weißes Kreuz. Ein Herz
aus Schieferstein liegt daneben, in blauer Kreide steht
darauf geschrieben „Lara, Papa kommt". Und Teresa
Enke hat auf die Todesanzeige ein Zitat von Václav Ha-
vel vorangesetzt: „Hoffnung ist nicht die Überzeugung,
dass etwas gut ausgeht, sondern die Gewissheit, dass
etwas Sinn hat, egal, wie es ausgeht."

OTTMAR HITZFELD

Mit Gott im täglichen Gespräch

Den von den Massenmedien zum „Hohepriester der Weltreligion Fußball" ernannten erfolgreichsten Bundesligatrainer lernte ich in Dortmund kennen. – Vor jedem Spiel von Borussia Dortmund begrüßten ihn die 60.000 Zuschauer im Stadion: „Ottmar Hitzfeld, der beste Mann der Welt." Ich wollte von ihm in den 90er Jahren wissen, welche Gedanken ihn während eines plötzlichen Krankenhaus-Aufenthaltes beschäftigten.

Als erfolgreichstem Bundesligatrainer aller Zeiten wurde Ottmar Hitzfeld 2010 der „Ehrenpreis der Bundesliga" verliehen. Sechsmal wurde er in Deutschland zum „Fußballtrainer des Jahres" gewählt.

Hitzfeld holte zahlreiche Titel: Er war von 1991 bis 1997 Trainer von Borussia Dortmund und gewann mit den Schwarz-Gelben zweimal die Deutsche Meisterschaft (1995, 1996) sowie die Champions League (1997). Auch den FC Bayern trainierte der Schweizer – von 1998 bis 2004 und von 2007 bis 2008. Hitzfeld gewann mit Bayern fünfmal die Meisterschaft, dreimal den DFB-Pokal und 2001 erneut die Champions League. Die Schweiz führte er als Nationaltrainer später zweimal zur Fußballweltmeisterschaft. Auch international fehlt es Hitzfeld nicht an Ehrungen: UEFA-Trainer des Jahres (2001), zweimaliger Weltclubtrainer (1997, 2001), Welttrainer des Jahres (1997).

Von 2008 bis 2017 war Hitzfeld als TV-Experte bei dem Bezahlfernsehsender Sky unter Vertrag. Heute lebt er zusammen mit seiner Frau Beatrix in seiner Heimatstadt Lörrach. Seit Oktober 2016 ist Ottmar Hitzfeld Botschafter der Sepp-Herberger-Stiftung des Deutschen Fußball-Bundes (DFB), die soziale Projekte in aller Welt unterstützt.

„Hohepriester der Weltreligion Fußball"

Nach seiner erfolgreichen Trainertätigkeit in der Schweiz ging seine Fußballkarriere in Deutschland weiter steil nach oben, bis er schließlich zum „Hohepriester der Weltreligion Fußball" ernannt wurde. Es begann bei Borussia Dortmund, wo er mit wehenden Fahnen empfangen wurde. „Ottmar Hitzfeld. Der beste Mann Welt.", schallte es durch das stets vollbesetzte Westfalenstadion, wenn 60.000 Fans von Borussia Dortmund in Siegesstimmung waren. „Was empfanden Sie bei solchen Lobgesängen?", war meine erste Frage an die Trainerlegende. „Als ich nach der zweimal gewonnenen Schweizer Fußballmeisterschaft mit Grasshoppers Zürich 1991 zu Borussia Dortmund wechselte und zum ersten Mal solche Chorgesänge hörte, war es mir eher peinlich. Inzwischen habe ich mich daran gewöhnt, dass die Fans mit ihrer Borussia zufrieden sind."

Fußball ist eine Art Religion im Ruhrgebiet. Es war für die Dortmunder Fans schier ein Himmelsgeschenk, dass ihre Borussia nach 32 Jahren wieder Deutscher Meister wurde. „Haben Sie eigentlich eine Erklärung für die Bedeutung, die hier dem Fußball zugemessen wird?", wollte ich wissen. „Der Glaube an Schwarz-Gelb hat Tradition. Die Dortmunder Ruhrkumpel schufteten früher unter Tage im Bergbau und freuten sich aufs Wochenende, wenn sie in die Fußballwelt eintauchen konnten. Raus aus dem tristen Alltag mit seinen Sorgen. Und wenn dann noch ihre Borussia gewann, steigerte sich ihr Selbstwert- und Gemeinschaftsgefühl, als ob sie selber als Sieger vom Platz gegangen wären. So ist es immer noch", sagte Hitzfeld.

Hitzfelds damalige umjubelte Superstars bei Borussia Dortmund Andreas Möller, Matthias Sammer, Júlio César und Heiko Herrlich bekamen damals schon ein Jahresgehalt von über einer Million Mark. Die Erfahrung lehrt, dass die Superstars in einer Fußballelf Sonderrechte beanspruchen. Mich interessierte, wie der Erfolgstrainer diesen Konflikt in solchen Spitzenklubs löst. Hitzfeld analysierte nüchtern: „Zum Kader gehören 22 Spieler. Der aktuelle Leistungsstand entscheidet, welche Elf den Rasen betritt. Jeder Leistungsträger handelt seinen eigenen Vertrag aus und ist quasi ein Einzelkämpfer. Rivalitäten bleiben nicht aus. Der Konkurrenzkampf kann aber auch zu optimalen Leistungen führen und den Adrenalinspiegel steigern. Wenn die sogenannten Stars ihre Vorbildfunktion nicht erfüllen und nicht mannschaftsdienlich spielen, werden sie ausgewechselt. Bei mir spielen nicht die elf Besten, sondern es spielt die beste Elf. Sonderrechte gibt es nicht. Alle Spieler haben die gleichen Rechte und Pflichten. Wer z. B. zu spät zum Training kommt, zahlt einen schmerzlichen Betrag in die Mannschaftskasse."

Traumberuf Fußballer

Einer damaligen Umfrage zufolge gaben 80 Prozent aller jungen Männer „Fußballprofi" als Traumberuf an. Hitzfeld erzählte mir, wie er zum Fußball fand. „Mein größtes Weihnachtsgeschenk war jahrelang ein neuer Lederball, obwohl ich dann sechs und mehr hatte. Schon als Jugendspieler habe ich viele Tore geschossen und mich riesig darüber gefreut. Ich bin Fußballprofi geworden, weil ich mein Hobby zum Beruf machen wollte. Noch heute ist es für mich ein Glücksgefühl, wenn meine Mannschaft ein Tor schießt und gewinnt."
Wenn Stammspieler aufgrund ihrer Verletzungen wochen- und monatelang nicht eingesetzt werden können, stehen die Trainer oftmals mit dem Rücken zur Wand. Ich fragte, wie Hitzfeld mit solchen Situationen umgehe. „Ich blicke grundsätzlich nicht zurück, sondern nach vorn. Jammern hilft nichts. Vielmehr gebe ich die Parole aus: Wir schaffen es trotzdem. Ich bin kein Fatalist, der alles hinnimmt, sondern das Beste aus jeder noch so aussichtslosen Situation herausholt und darin eine positive Herausforderung sieht."
Wenn Hitzfeld, gekleidet wie ein Gentleman, am Spielfeldrand stand und seine Mannschaft wie ein General souverän dirigierte, fragte sich der Zuschauer oft, woher er die stoische Ruhe und Gelassenheit nahm. Ich gab die Frage an ihn weiter. „Ich stehe ständig unter einem ungeheuren Erfolgsdruck. In meiner Vorbildfunktion als Trainer möchte ich nicht den Kopf verlie-

ren, auch wenn ich innerlich kochen und explodieren könnte. Als Kind war ich sehr jähzornig und ließ meine Wut auch auf dem Fußballplatz am Gegner aus, wenn ich den Ball verloren hatte. Durch Atemübung und mentales Training habe ich Selbstbeherrschung gelernt und später als Profi nie eine rote Karte bekommen. Heute habe ich meine Gefühle in der Öffentlichkeit im Griff, auch wenn es nicht meinem Naturell entspricht."

Dem Siegesrausch folgte die Leere

Als Hitzfeld mit Borussia Dortmund (und danach auch mit Bayern München) zum ersten Mal Deutscher Meister wurde, verlor er einen kurzen Augenblick am Spielfeldrand seine Fassung und weinte. „Es waren Freudentränen", erklärte er. „Ich war total gerührt. Ein ganzes Jahr lang hatte ich dieses Traumziel vor Augen und mit allen Fasern meines Körpers und Herzens darauf hingearbeitet und keinen Kraftaufwand gescheut. Und wenn dann das Wunschziel erreicht ist, kann man es kaum fassen. Es war für mich wie ein Rausch, dem allerdings eine innere Leere folgte. Ich war total in mich gekehrt, ausgelaugt und wie tot." Ich zitierte den deutschen Philosophen Arthur Schopenhauer, der einmal gesagt hat, es gäbe zwei Tragödien im Leben eines Menschen. Die erste Tragödie bestehe darin, dass Wünsche nicht in Erfüllung gehen. Die zweite Tragödie sei wesentlich schlimmer, wenn nämlich der sehnliche Wunsch erfüllt würde und man erkennen müsse, dass dieses Glück nur einer schillernden Seifenblase gleicht, die wieder zerplatzt. Jedes noch so hochgespannte menschliche Ziel hinterlasse langfristig ein schales Gefühl, sobald es erreicht sei. Hitzfeld: „Menschen stehen in der Gefahr, sich Illusionen hinzugeben, in Visionen zu schwelgen, die wirklichkeitsfremd sind. Dann bleiben Enttäuschungen nicht aus. Aber der Mensch lebt davon, dass er sich immer wieder neue Ziele setzt und sich nicht auf seinen Lorbeeren ausruht. Stillstand bedeutet Rückschritt. Ich möchte ziel- und zukunftsorientiert leben.“

Jesus als Zielorientierung

Der Apostel Paulus schrieb vor 2000 Jahren an die christliche Gemeinde in Philippi: „Ich bilde mir nicht ein, dass ich das Ziel schon erreicht habe. Aber ich lasse alles hinter mir und sehe nur noch, was vor mir liegt. Ich halte geradewegs auf das Ziel zu, um den Siegespreis zu gewinnen. Dieser Preis ist das neue Leben, zu dem Gott mich durch Jesus Christus berufen hat.“ Ich wollte wissen, ob Ottmar Hitzfeld Paulus zustimmen könne, wenn er sich an Jesus Christus orientiert. Er gab zu, dass er darüber noch nie öffentlich gesprochen habe. Aber: „Jesus hat für mich eine wichtige Vorbildfunktion. Er ist den geradlinigen Weg gegangen und hat nie versucht, auf krummen Wegen sein Ziel zu erreichen. Offenheit und Gerechtigkeit zeichneten ihn aus. So möchte ich auch leben." Ich fragte ihn, worin er den Sinn seines Lebens sehe. „Meine Chance nutzen, das Beste aus meinem Leben zu machen und die Herausforderungen des Lebens mit seinen Höhen und Tiefen anzunehmen. Dabei muss ich bereit sein, über meinen eigenen Schatten zu springen. Bis zu meinem 26. Lebensjahr wohnte ich zu Hause bei meinen Eltern, weil ich schreckliches Heimweh hatte. Als Fußballprofi musste ich oft meinen Wohnsitz wechseln. Von Lörrach über Stuttgart, Lugano, Luzern bis nach Dortmund, wo ich noch ein halbes Jahr lang Heimweh hatte. Trotzdem habe ich diese Aufgaben als Herausforderung und Horizonterweiterung wahrgenommen. Es war jedes Mal eine schwere Prüfung. Aber ich wusste auch, dass ein anderer hinter mir stehen würde, der den Lebenslauf auf sich genommen hat. Er ist nicht den Weg des geringsten Widerstandes gegangen und doch ans Ziel gekommen. Der Gekreuzigte ist auferstanden. Das ist mein großes Vorbild, und darum gehe ich auch nicht den bequemen Weg. Je älter ich werde (Hitzfeld ist Jahrgang 1949), desto mehr erkenne ich, wie kurz dieses Leben ist. Deshalb möchte ich nicht in den Tag hineinleben, sondern die mir geschenkte Zeit sinnvoll ausnutzen. Wenn Lebensbilanz gezogen wird, möchte ich als Trainer nicht nur gewonnene Spiele und Pokale aufzuweisen haben, sondern vor allem zufriedene Spieler hinterlassen, die sich gern an mich erinnern; denn durch Gerechtigkeitssinn und Wahrheitsliebe möchte ich eine menschenfreundliche Atmosphäre schaffen."

Das Gebet als Ruhepol

Spielern und Sportjournalisten ist es gelegentlich rätselhaft, woher Hitzfeld seine konstante Zufriedenheit nimmt, mir auch. Ich hakte nach. „Ich habe eine positive Einstellung zum Leben. Vor dem Einschlafen mache ich mir bewusst, dass der nächste Tag super laufen wird, auch wenn schwierige Verhandlungen und unlösbare Probleme auf mich warten. Ich bete morgens, auch tagsüber und abends, an guten und an schlechten Tagen. Wenn mich nachts die Sorgen nicht schlafen lassen, überkommt mich beim Beten eine wunderbare Ruhe, aus der ich neue Kraft für den kommenden Tag schöpfe. Ich weiß, da steht einer hinter mir, auf den ich mich verlassen kann. Deshalb kann ich auch ohne Angst den Bundesligastress ertragen."

Einige Zeit vor diesem Interview musste sich Hitzfeld urplötzlich einer zweiwöchigen Krankenhausbehandlung unterziehen. Ich fragte ihn zum Schluss, woran ein Erfolgstrainer in solchen Schreckmomenten denkt. „Als ich im Krankenhaus lag, war die Fußball-Bundesliga in weite Ferne gerückt. Meine Gedanken kreisten um meine Frau Beatrix und meinen Sohn Matthias, um Gott und die Zukunft. Mir wurde wieder bewusst, dass Schicksalsschläge zu meinem Leben gehören. Schwere Prüfungen müssen durchlebt und bestanden werden. Dieses irdische Leben verstehe ich als Bewährungsprobe, als Etappenziel und das ewige Leben als Endziel. Wenn es kein Leben nach dem Tod gäbe, wäre das jetzige Leben doch letztlich sinnlos. Ich glaube, dass Gottes Güte und das Gute im Leben sich irgendwann durchsetzen werden. Als ich wieder gesund war, riefen die Pflicht, mein Verantwortungsbewusstsein und die Vertragserfüllung als Fußballtrainer. Ich habe viel zu früh wieder auf dem Platz gestanden, aber ich wusste, mit Gottvertrauen und gesundem Selbstbewusstsein kann ich es wieder schaffen."

DIETER KÜRTEN

„Mr. Sportstudio" will im Himmel
Jesus interviewen

Als „Mr. Sportstudio" war er fast ein halbes Jahrhundert (1963–2000) lang das Gesicht des Aktuellen Sportstudios am Fernsehsamstagabend für Millionen sportbegeisterte Zuschauer. Als herausragender Sportreporter bei Fußballspielen, Weltmeisterschaften und Olympischen Spielen wurde ihm u. a. die „Goldene Kamera" verliehen. Seine großen Spuren sind bis heute nicht verwischt.

Der inzwischen 83-jährige „Erfinder des humanen, schmerzlosen Interviews" (Stuttgarter Zeitung) oder wie die Bildzeitung meint, „die deutsche Antwort auf Mutter Teresa", gilt immer noch als der beliebteste deutsche Sport-Moderator. Wegen seiner liebenswürdigen Art ließen sich Sportidole aus aller Welt am liebsten von ihm interviewen.

Bis heute ist der Strahlemann in der Öffentlichkeit präsent und engagiert sich seit fünfzig Jahren als ehrenamtlicher Botschafter für die Kindernothilfe. Seit einigen Jahren ist er zudem Schirmherr für die Kampagne „Der zweite Atem – Leben mit Lungenkrebs".

Große Aufregung herrschte in der Öffentlichkeit, als bekannt wurde, dass Dieter Kürten 2011 nach einem Kirchenbesuch in Wiesbaden vor einem Blumenladen wegen Herzschwäche zusammengebrochen war und wiederbelebt werden musste. Er lag mehrere Tage im Koma und wurde am Herzen operiert. Sein Nahtoderlebnis möchte er für sich behalten. Er wurde wieder gesund. Aus Dankbarkeit, vor allem Gott gegenüber, hilft er dem Verein „Hand aufs Herz" bei Veranstaltungen in Schulen oder Stadtverwaltungen über Erste-Hilfe-Maßnahmen in Notfällen.

In den neunziger Jahren habe ich den viel beschäftigten Sportmoderator in Mainz um ein Interview gebeten. Obwohl er sich vor Einladungen zu Vorträgen (mit Honoraren über 70.000 DM) und Moderationen kaum retten konnte, besuchte mich der bekennende Christ zwei Wochen später in Siegen.

Der gelernte Zeitungsjournalist stand fast immer auf der Sonnenseite des Lebens. Als er 1963 beim Zweiten Deutschen Fernsehen in Mainz vorsprach, wurde er nach zehnminütigem Gespräch engagiert und hätte gleich am nächsten Tag anfangen können. Auf meine Frage, wo er seinen ersten Anstoß zum Glauben bekommen habe, antwortete Kürten: „Meine Eltern habe ich kaum gekannt, sie starben, als ich noch ein Junge war." Für seine beiden jüngeren Geschwister musste er schon früh die Vaterrolle übernehmen. „Aber ich hatte eine tolle Großmutter, eine fromme, völlig unverkrampfte Frau, die mich oft in die katholische Kirche mitgenommen hat. Wenn wir uns verabschiedeten, sagte sie immer: ‚Bete, mein Junge.' Aber erst später habe ich mit Christus ernst gemacht und die Gemeinschaft mit anderen Christen kennengelernt." „Was ist für Sie heute das Wichtigste im Leben?", fragte ich den harmoniebedürftigen Sportjournalisten. „Das Wichtigste im Leben ist für mich Zufriedenheit", antwortete er. „Ich bin bemüht, in meiner Familie, im Freundes- und Kollegenkreis darauf hinzuwirken, dass wir liebevoll miteinander umgehen, Vorurteile abbauen und mehr Verständnis füreinander entwickeln. Dabei muss ich aber auch bereit sein, mein eigenes Tun kritisch zu hinterfragen. In unserer Leistungsgesellschaft zeichnen sich viele Karrieretypen durch Rücksichtslosigkeit und Egoismus aus. Ich möchte lieber auf die Ellbogenfreiheit verzichten und ausgleichend wirken. Das mag im Laufe der Zeit gewachsen sein, weil ich von der Basis eines gewissen Erfolges so handeln kann. Ich bin rundum ein glücklicher Mensch und mit meiner Lebenshaltung so gut gefahren, dass ich keine Sekunde daran gezweifelt habe, es richtig zu machen."

Zu meiner Anfrage, wie er es schaffe, über seinen eigenen Schatten zu springen, verweist Kürten auf das Gebet: „Ich wende und orientiere mich täglich an Christus, der mich seine Liebe erfahren lässt und mich selbst friedvoller, großzügiger und liebevoller im Umgang mit andern Menschen sein lässt. Und was Schöneres gibt es eigentlich nicht." Ob seine Ausstrahlungskraft und sein sicheres Auftreten auch etwas mit Christus zu tun haben, wollte ich von ihm wissen. „Ja, durch mein Vertrauen auf Christus habe ich eine natürliche Sicherheit entwickelt. Irgendwann ist mir bewusst geworden, ich muss Christus zum Mittelpunkt meines Lebens machen. Wenn alles drunter und drüber geht, finde ich in Christus eine Insel, auf die ich mich zurückziehen kann und wo mir gar nichts passieren kann."

Solches Glaubensbekenntnis konnte man allenfalls im „Wort zum Sonntag" aus dem Munde eines Fernsehpfarrers hören, aber zu einem versierten Sportmoderator und „Krawattenmann des Jahres" passte das doch alles nicht. „Warum denn nicht?", fragte Kürten zurück, der auch im Aktuellen Sportstudio schon oft Gott gern ins Gespräch gebracht hätte. Aber es sei ihm schon vor Jahren nahegelegt worden, die ZDF-Sportbühne nicht zur Punktejagd für das Team Jesus & Co. zu benutzen. Er beneidete mich um meine Freiheit bei meinen

Gesprächen mit Prominenten. Ich könne die Sinn- und Gottesfrage stellen, während er sich meistens nur auf sportliche Aspekte beschränken müsse, die über das Tagesgeschehen nicht hinausgingen und am nächsten Tag oft keine Bedeutung mehr hätten. Es interessierte mich, ob er schon einmal einen Studiogast nach seinem Glauben gefragt hatte. „Als der Weltumsegler Rollo Gebhardt seine gefährlichen Erlebnisse auf den Weltmeeren schilderte, fragte ich ihn, ob er in solchen Situationen gebetet habe. Er antwortete: ‚Ich habe es vorher nicht getan und deshalb auch nicht in diesen gefahrvollen Augenblicken.' Für seine Offenheit bekam er Beifall, aber nicht etwa dafür, dass er nicht gebetet hat. Oft ist ein solches Fernsehgespräch zu knapp, zu hastig, um die nötige Ruhe aufkommen zu lassen für Fragen des Glaubens. Das tut mir manchmal leid." – Später, bei einer anderen Gelegenheit, als wir uns einmal im Konferenzzimmer des Frankfurter Flughafen-Hotels unterhielten und plötzlich die Tür aufging und erstaunte Hotelgäste meinen prominenten Gesprächspartner erkannten, hatte Kürten schmunzelnd bemerkt: „Wenn sie uns von Jesus reden hören, geht die Tür von selber wieder zu."

Und was meint er zu dem Vorwurf, der Glaube an Jesus sei ein frommes Wunschbild ohne Realitätswert? „Wer nichts von Christus wissen will oder weiß oder nicht an ihn glauben will, wird vermutlich immer so reden", gab er zu bedenken. „Es bleibt ein Wagnis, sich auf ihn einzulassen, aber es lohnt sich. Die meisten Menschen lassen sich in eine Rolle zwängen, die es nicht zulässt, sich so zu geben, wie sie wirklich sind, weil sie sich schämen, unsicher sind und sich den herrschenden Normen kritiklos anpassen. Wer bestimmt dann, was man tut?" Mir fiel ein Wort des Kirchenvaters Augustinus ein: „Liebe Gott, und dann tue, was du willst." Kürten unterstützte diesen Gedanken: „Sehr gut, wenn man Gott liebt, gibt es da schon eine Dachzeile, unter die man sich freiwillig stellt. Ich denke etwa an die Zehn Gebote, die ich als Angebot zu einem menschenwürdigen Leben verstehe."

Seine Gottes- und Nächstenliebe inspiriert auch sein soziales Engagement, das von der Finanzierung von Patenschaften in der Dritten Welt bis zur Mitbegründung einer Kinderhilfe für Polen reicht.

Als Kürten vor unserem gemeinsamen Mittagessen die Hände faltete und betete, fragte ich ihn anschließend nach seinem Beweggrund: „Alles, was ich bin und habe, nehme ich aus Gottes Hand. Ich bin dankbar geworden. Wenn ich in Not bin oder Zweifel habe, wende ich mich an Christus und dann fallen die Sorgenlasten von mir ab. Darauf kommt es an. Alles andere sind Randerscheinungen. Das fängt im Beruf an und hört bei irgendwelchen Vergnügungen auf." Ich fragte ihn, ob er im Rampenlicht nicht auch mal Angst habe zu versagen. „Wenn ich als Mensch oder Christ versage, hoffe ich auf die Großzügigkeit meiner Mitmenschen, die dann sagen: ‚Seht, er ist auch nur ein ganz einfacher, schwacher Mensch guten Willens.' Und sollten mir

Menschen nicht verzeihen, Christus ganz bestimmt."

Der vielgereiste Sportreporter erzählte mir, er habe sich nach den vier hektischen Wochen der Fernsehübertragung von einer Fußballweltmeisterschaft richtig gefreut auf seine katholische Heimatgemeinde. In seiner Mainzer Kirche stehe er am liebsten unter dem Kreuz: „Ich empfinde, hier hängt einer, der meine Menschengestalt angenommen, meine Schuld übernommen und meinen Tod durch seine Auferstehung überwunden hat. Bei seinem Anblick fühle ich mich von ihm angesprochen: ‚Ich lebe für dich und wäre sehr glücklich, wenn du auch für mich lebtest.‘"

„Haben Sie Angst vor dem Tod?", fragte ich ihn schließlich. „Mich würde belasten, dass ich unglückliche Menschen wie meine engsten Angehörigen hinterlasse. Aber ich selber habe keine Angst vor dem Tod, weil er für mich eine Durchgangsstation ist. Ich stelle mir ein Leben nach dem Tod in einer Gottesnähe, in der Vollendung eines Glücksgefühls, so schön vor, dass man es hier auf Erden gar nicht beschreiben kann." Daraufhin erinnerte ich an das Christusbekenntnis des Apostels Paulus vor 2000 Jahren aus dem Römerbrief: „Ich bin gewiss, dass weder Tod noch Leben, weder Gegenwart noch Zukunft noch irgendwelche Mächte mich trennen können von der Liebe Gottes, die offenbar geworden ist in Christus, unserm Herrn."

Dieter Kürten identifiziert sich mit Paulus, als er sagte: „Es ist und bleibt für mich der zentrale Punkt, dass es eigentlich nichts gibt, was mich in meinem Glauben irritieren kann, in meinem Glauben an Gott und in der Gewissheit: Was auch immer auf dieser Erde passiert, es endet immer in einem Ziel: Jesus Christus. Und wer das einmal begriffen hat und sich zur Lebensmaxime macht, ist, wie ich glaube, unanfechtbar."

EGIDIUS BRAUN

„Ein Leben ohne Gott ist sinnlos"

Der amtierende Präsident des Deutschen Fuß-
ball-Bundes, Egidius Braun, bereitete einst mit mir an
einem Pfingstsamstagnachmittag meine Sonntags-
predigt vor. Der damalige Präsident des größten natio-
nalen Sport-Fachverbandes der Welt mit fast sieben
Millionen Mitgliedern ließ mich teilhaben an seinem
leidenschaftlichen Bemühen, dem Weltfußball ein
menschliches Gesicht zu geben. Bis heute unterstützt
die Egidius-Braun-Stiftung soziale Projekte in vielen
Entwicklungsländern. Unter seiner vorbildlichen Füh-
rung stand der Deutsche Fußball-Bund weltweit in ho-
hem Ansehen. Nun wird der heute 93-jährige Ehren-
präsident unser aufgezeichnetes Telefongespräch
endlich nachlesen können. Ich hatte es ihm bereits vor
20 Jahren versprochen und werde diesen Wunsch nun
endlich einlösen.

„Herr Präsident, ich möchte Ihnen von ganzem Herzen danken für die hervorragende Arbeit, die Sie für den deutschen Fußball geleistet haben. Sie sind nicht nur ein Glücksfall für den deutschen Fußball, sondern haben auch international Zeichen gesetzt. Und vor allem waren Sie ein Fürsprecher der Millionen von Fußball-Begeisterten. Sie waren es, der berechtigt immer wieder vor den kommerziellen Auswüchsen des Fußballs gewarnt hat." Diese Worte hatte Bundeskanzler Gerhard Schröder 2001 an den scheidenden Egidius Braun gerichtet, der neun Jahre lang (1992–2001) Präsident des Deutschen Fußball-Bundes (DFB) war, des weltgrößten Sportfachverbandes mit 25.000 Fußballvereinen und insgesamt 6,8 Millionen Mitgliedern.

Für sein soziales Engagement und seine wegweisenden politischen Entscheidungen bekam der heute 93-jährige (*1925) DFB-Ehrenpräsident u. a. das Bundesverdienstkreuz 1. Klasse sowie das Große Bundesverdienstkreuz mit Stern verliehen.

Der Deutsche Fußball-Bund konzentriert mit nachhaltiger Unterstützung seitens des Profifußballs verschiedene soziale Aktivitäten in der 2001 gegründeten „DFB-Stiftung Egidius Braun". „Fußball ist mehr als ein 1 : 0", lautet das Credo des Mannes aus Aachen. Braun ist stets bemüht, die Popularität des Fußballs zu nutzen, um die Not in der Welt zu lindern. Mit dem Benefiz-Länderspiel veranstaltet die Braun-Stiftung alle zwei Jahre eine weltweit einzigartige Partie für den guten Zweck. Dabei stellen die Profi-Vereine ihre Nationalspieler unentgeltlich für diese freundschaftlichen Vergleiche frei. Die Einnahmen kommen notleidenden Jugendlichen zugute.

Der Inspirator meldet sich aus der DFB-Zentrale

Zu Pfingsten 2000 bereitete ich eine Predigt für den Waldgottesdienst im Siegener Eichenwäldchen vor. Da kam mir eine fixe Idee. Wie wäre es, wenn mir der amtierende DFB-Präsident Egidius Braun Glaubensimpulse für die Pfingstbotschaft geben würde? Warum ich gerade auf ihn kam, weiß ich bis heute nicht. Jedenfalls rief ich spontan die Zentrale des Deutschen Fußball-Bundes in Frankfurt an. Da meldete sich der Anrufbeantworter, dem ich mein Anliegen mitteilte, den Präsidenten Egidius Braun persönlich sprechen zu wollen. Wie sollte das geschehen? Es war Pfingsten, und alle 200 DFB-Mitarbeiter genossen das verlängerte freie Wochenende. Trotzdem betete ich für eine Rückmeldung.

Eine halbe Stunde später meldete sich der Präsident, und ich war im ersten Moment sprachlos. Ich war ziemlich verdutzt, aber behielt die Fassung. Ich bedankte mich zunächst herzlich für den Rückruf und fragte anschließend, ob er vielleicht sogar mein Buch gelesen habe „Wenn Gott ins Spiel kommt". Ich sagte: „Als Fußballpfarrer habe ich die deutsche Nationalmannschaft zur Europameisterschaft nach Schweden begleitet. Bei meiner Predigtvorbereitung habe ich Sie als Inspirator vor Augen gehabt. Gedacht, getan. Machen Sie das fromme Spiel mit?"

„Pater Braun" macht seinem Namen Ehre

Egidius Braun ist kein Spielverderber und fühlte sich bei mir gleich zu Hause, denn letztlich seien wir ja Kollegen, wie sich sehr schnell herausstellte. Seinen Spitznamen „Pater Braun" habe er seinem Glaubensbekenntnis „Fußball ist mehr als 1 : 0" zu verdanken. Fußball sei für ihn nicht nur Geldvermehrung. Seine Popularität als DFB-Präsident verpflichte ihn auch zur sozialen Verantwortung. Den „Pater" akzeptiere er vor allem in Zusammenhang mit seinem Bekenntnis zur Kirche: „Dann fühle ich mich mit diesem Namen geehrt, besonders, wenn damit auch die Qualität zwischenmenschlicher Beziehungen gemeint ist."
Später gab ich „Pater Braun" als Suchbegriff bei Google ein und stellte erstaunliche Parallelen dieser verfilmten literarischen Gestalt zu Egidius Braun fest: Pater Brown ist ein englischer katholischer Pfarrer, der als Hobby Kriminalfälle löst. Dies gelingt ihm, indem er sich in den Täter hineinversetzt, dabei das Verbrechen selbst begeht, wie er sagt. Als Geistlicher ist er jedoch weniger daran interessiert, Verbrecher der irdischen Gerechtigkeit auszuliefern, sondern er will sie zu Gott

führen; eine freiwillige Beichte des Täters genügt ihm. Es spielt für ihn keine Rolle, welches Amt diese Person bekleidet.

„Kannst du mich im Krankenhaus besuchen?"

Für den DFB-Präsidenten „Pater Braun" sei das Schöne am Fußball vor allem die Fürsorge für Kinder und Jugendliche in aller Welt. Mit wachsender Begeisterung machte er sich zu ihrem Anwalt: „Wir müssen doch etwas für die Kinder tun. Es gibt so viel Elend auf der Welt, sind wir eigentlich verrückt geworden, das zuzulassen?" Und dann erzählte er mir von seinem Lieblingsprojekt in Mexiko: „Bei der Fußballweltmeisterschaft 1986 in Mexiko habe ich als Delegationschef das soziale Elend kennengelernt und spontan mit Unterstützung der Nationalmannschaft die Betreuung von 100 Waisenkindern übernommen. Aber mit einer einmaligen Spende von 10.000 Euro ist ihnen nicht geholfen. Wir müssen an das Verantwortungsbewusstsein unseres Volkes appellieren. Vor einem Jahr klagte mir der Sohn eines reichen Hoteliers sein Leid, er spiele so gerne Fußball, aber Tennis würde besser zu seiner Familie passen. Daraufhin habe ich mit seinen Eltern gesprochen und sie umgestimmt. Jetzt hat mich der 15-jährige Junge wieder angerufen. Er habe gerade einen Vertrag mit seinen Eltern gemacht. Zusammen mit seinem Freund will er seine ganzen Ferien im Hotel arbeiten und das verdiente Geld für die Waisenkinder in Mexiko spenden." Ich merkte, dass der „Macher mit Herz für die Kleinen" jetzt in seinem Element war. Er berichtete von dem Besuch mit einem katholischen Pfarrer in einem Kinderheim in Eschweiler: „Die Eltern kümmern sich nicht mehr um diese liebebedürftigen Kinder. Die neunjährige Marion klammerte sich an mich und wollte mich nicht mehr loslassen. Vor vier Tagen schrieb sie mir einen Brief: ‚Ich liebe dich und bin so traurig, dass ich jetzt an der Hüfte operiert werden muss. Kannst du mich im Krankenhaus besuchen?'"

Der Orgelspieler in der Augustinerkirche

Man lese und staune: Der Präsident des größten Sportverbandes der Welt spielte zu dieser Zeit auch noch jeden Sonntagmorgen im Gottesdienst der Walheimer Klosterkirche die Orgel. Dem Augustinerkloster ist ein Altenheim angegliedert, an dem er nicht vorbeigehen konnte: „Ich besuche immer einen alten Mann, der keine Angst vor dem Sterben hat. Wenn ich bei ihm bin, klagt er nicht über seine Krankheit, sondern weiß sich in Gott geborgen und bittet ihn um eine gnädige Sterbestunde. Auch meine Mutter hatte einen starken Glauben und freute sich auf eine bessere Welt bei Gott."
Ich unterbrach meinen beredten, telefonisch herbeigerufenen Motivator und fragte, wie man skeptischen Menschen solche Glaubenserfahrungen zugänglich

machen könne. „Es beginnt damit, dass Christen anderen Menschen helfen und glaubwürdig leben", sagte er und zeigte sich beeindruckt von den Nonnen im Altenheim. „Ich habe diese Heldinnen gefragt, woher sie die Kraft nehmen, Tag für Tag ihre ganze aufopfernde Liebe und Zeit den Pflegebedürftigen und Hilflosen zu schenken. ‚Es ist für uns selbstverständlich und wir empfinden es nicht als Opfer', haben sie mir geantwortet. ‚Es ist wohl die Wirkung des Heiligen Geistes.'" Ich erinnerte mich an die Worte Jesu vom Weltgericht. Da heißt es im Matthäusevangelium unter anderem: „Ich war krank, und ihr habt mich besucht. Ich war hungrig, und ihr habt mir zu essen gegeben." Auf die Frage, wann Menschen ihm diesen Liebesdienst erwiesen haben, antwortet Jesus: „Was ihr für einen meiner geringsten Brüder und Schwestern getan habt, das habt ihr mir getan." Dieselbe Frage hatte ich Mutter Teresa in Kalkutta gestellt. Ihre Antwort lautete: „Ich habe alles für Jesus getan."

„Der heilige Augustinus ist mein Vorbild"

Schließlich war der Augenblick gekommen, da ich mein Anliegen ins spannende Spiel bringen konnte. Den Anknüpfungspunkt fand ich in meinem Predigttext aus dem Epheserbrief, den der Apostel Paulus vor 2000 Jahren an die christliche Gemeinde in der kleinasiatischen Stadt Ephesus geschrieben hatte. Ich las dem Präsidenten einige Verse vor: „Was Jesus wirklich von uns erwartet, habt ihr verstanden. Ihr sollt euch von dem alten Menschen mit all seinen trügerischen Leidenschaften endgültig trennen und euch nicht länger zerstören. Gottes Geist will euch mit einer völlig neuen Gesinnung erfüllen." Egidius Braun fühlte sich sofort angesprochen, weil sein großes Vorbild Augustinus ist, dessen Mutter Monica über 30 Jahre um seine Hinwendung zum christlichen Glauben gebetet hatte. Der gelehrte römische Rhetorik-Professor war auch von den Worten des Apostels erleuchtet worden und hatte sich 587 auf den Namen des Vater, des Sohnes und des Heiligen Geistes taufen lassen. Der heilige Augustinus gehört zu den bedeutendsten Kirchenvätern der Christenheit.

Ursprünglich wollte Egidius Braun Philosophie studieren – nicht zuletzt wegen des faszinierenden Lebenswerks des Augustinus. Am liebsten zitiert Braun den Heiligen, auch wenn dieser nichts vom Fußball verstand. Aber jetzt war seine Sternstunde gekommen, wo der glühende Verehrer einen verständnisvollen Zuhörer gefunden hatte. Und dann explodierte er förmlich: „Augustinus hat mein Leben völlig verändert. Als ich seine Biografie intensiv studiert hatte, bin ich zu folgendem Ergebnis gekommen: Wenn dieser hochgebildete Philosoph alle lasterhaften Tiefen und geistigen Höhen in vollen Zügen durchlebt hat und dann als 30-jähriger Lebemann sein sündhaftes Leben auszieht und Christus anzieht und ein Leben lang voller Begeisterung bei ihm bleibt, muss er seine göttliche Kraft erfahren haben.

Davon zeugen seine weltbekannten ‚Bekenntnisse'. Daraus zitiere ich: ‚Auf dich hin hast du uns erschaffen, Herr, und unruhig ist unser Herz – bis es ruht in dir.'"

„Mein Leben wäre ohne Gott ein Nichts"

„Herr Braun, was bedeutet es für Sie, Christus im Glauben vor Augen zu haben und von ihm für Ihre Aufgaben motiviert zu werden?", wollte ich wissen. „Christus ist mein Erlöser und mein Sinnbild, wie wir Menschen miteinander umgehen sollen. Ihm will ich nacheifern, wobei ich mir völlig darüber im Klaren bin, dass es uns kaum gelingen wird, das zu erreichen, was er uns vorgelebt hat. Aber wenn wir uns schon darum bemühten, seine Grundhaltung auf unser Leben zu übertragen, dann würde unsere Welt menschenfreundlicher sein. Und wenn alle Menschen nach den Zehn Geboten leben würden, die ich auswendig kenne, könnten alle Gesetzbücher vernichtet werden."

Berti Vogts, der dem damaligen DFB-Präsidenten als Bundestrainer besonders nahestand, sagte mir einmal, dass jeder Mensch neben dem Spielbein ein Standbein brauche, das für ihn Jesus Christus sei. Ich fragte Braun, ob er das auch so sehe. „Ich sage es ganz spontan. Mein Leben wäre ein Nichts, es würde mir überhaupt nichts bedeuten, wenn ich nicht einen tieferen Sinn darin sehen würde in dem, was Gott uns offenbart hat in der Heiligen Schrift. Ich persönlich sehe meine Aufgabe darin, auch in meiner Funktion als DFB-Präsident, die Menschen darauf aufmerksam zu machen und es selbst auszuleben. Das gilt für unser soziales Engagement für Notleidende, aber auch für unseren Kampf gegen Ausländerfeindlichkeit, gegen die Gewaltaktionen der rivalisierenden Fußballfans und Ultras. Deshalb habe ich das alle zwei Jahre stattfindende Benefizspiel unserer Nationalmannschaft für ein menschliches Miteinander eingeführt. Unser heutiges soziales Verhalten wird in 20 Jahren (2020) einmal der Maßstab sein, wie sich die eingewanderten Ausländer uns gegenüber verhalten."

In unserem improvisierten Telefoninterview führte Gott Regie. Das hatten wir beide gespürt. Wie der englische „Pater Braun", der als Hobby Kriminalfälle löst, aber am meisten daran interessiert ist, die Verbrecher zu Gott zu führen, unabhängig von ihrem gesellschaftlichen Stand, ebenso wollte der DFB-Präsident am liebsten sein Hobby zum Beruf machen, das menschliche Miteinander, unabhängig von Nationalität, Hautfarbe und gesellschaftlichen Stand, aus christlicher Nächstenliebe zu ermöglichen.

Ein Jahr nach unserem spontanen Telefonat, das mir wertvolle Impulse für meine Pfingstpredigt gegeben hatte, wurde Egidius Braun im Beisein von 800 geladenen Gästen feierlich als DFB-Präsident verabschiedet. Ich möchte dem Ehrenpräsidenten dieselben Worte sagen, wie sein Freund es tat, der UEFA-Präsident Johansson, in seiner offiziellen Laudatio bei seinem Abschied: „You will never walk alone. Du bist ein wahrer Mensch."

Eine Beichte zum Schluss: Am Ende unseres denk-würdigen Telefongesprächs bedankte sich der damals 76-jährige DFB-Präsident für das „schöne Gespräch" – mit der Bitte, ihm die Tonbandaufzeichnung schrift-lich zu überlassen, damit er weiter darüber nachdenken könne. Das ist bis heute leider nicht geschehen. Aber ich sagte seiner Ehefrau Marianne, ich würde dieses Versprechen nachholen. Wenn der „gute Mensch von Aachen" diese Zeilen liest, wird er wohl dem Slogan zustimmen: Fußball ist nicht alles, aber ohne Gott ist alles nicht.

GÜNTHER KLEMPNAUER

Als mein Fußball(-traum) zerplatzte

„Meine ersten Kontakte mit Gott und dem Ball"

Von Kopf bis Fuß war ich in meiner Jugendzeit auf Fußball eingestellt. Wenn ich vom Gymnasium nach Hause kam und Mittag gegessen hatte, war an Schularbeiten kaum zu denken. Mein Freund Gerd stand schon bald auf der Straße vor unserer Wohnung und rief aus Leibeskräften: „JONNY!" Das war mein Spitzname, denn Jonny Felgenhauer stand Anfang der 50er-Jahre beim damaligen Oberligisten VfB Lübeck im Tor und ich gelegentlich auf der Straße beim Fußballspiel. Felgenhauer und Klempnauer klangen so ähnlich. Außerdem fühlte ich mich mächtig geehrt. Wenn meine Mutter den Fußballruf vernahm, flippte sie jedes Mal aus. „Günther, erst werden Schularbeiten gemacht", befahl sie mir. Fast immer hatte ich eine Ausrede parat, kam damit aber nicht immer durch. Nichts wie raus auf die Straße, wo sich schon ein paar Jungs eingefunden hatten. Im nahe gelegenen Wald gab es einen Bolzplatz, wo wir mit Blechdosen und Stoffbällen Fußball spielten.
Ich wohnte damals in Bad Schwartau, wo die leckere Marmelade hergestellt wurde. Auf dem Tennisplatz der Fabrikbesitzerfamilie bewunderte ich die springenden

Tennisbälle, mit denen wir gerne Fußball gespielt hätten. Es blieb ein Traum. Als Achtzigjähriger habe ich das Tennisspiel entdeckt und mir 180 ausgediente Tennisbälle vom Trainer schenken lassen. Wenn ich allein hinter der Grundlinie auf dem Tennisplatz stehe und 180 Mal aus dem prall gefüllten Wäschekorb einen Ball nach dem anderen zum Aufschlag heraushole, werde ich oft an den einen Tennisball in Bad Schwartau erinnert, mit dem ich gerne Fußball gespielt hätte. Wie reich bin ich doch geworden. Als Journalist von World Vision spielte ich einst in einem afrikanischen Flüchtlingscamp mit talentierten Jungs Fußball, aber nicht mit einem Lederball, sondern mit einem Lumpenbündel. Warum hatte ich ihnen keinen Lederball aus Deutschland mitgebracht? Ich kann mich heute noch darüber ärgern. Das wäre für diese fußballbegeisterten Angolaner der Himmel auf Erden gewesen. Und als sie hörten, ich hätte schon mal gegen Uwe Seeler, der unter ihnen bekannt war, Fußball gespielt, wurde ich wie ein Star gefeiert.

Irgendwann gab es nach Kriegsende in Deutschland auch wieder Gummi- und sogar Lederfußbälle zu kaufen. Zu meinem 12. Geburtstag wünschte ich mir nichts anderes als einen Lederfußball für mich und meinen Bolzklub auf der Straße. Mein Vater lebte nicht mehr und meine Mutter hatte wenig Geld, um meinen Herzenswunsch zu erfüllen. Aber jede Nacht träumte ich davon. Ich traute meinen Augen nicht, als auf dem Geburtstagstisch ein brauner Lederfußball lag. Wie ein

Lauffeuer verbreitete sich schon am frühen Morgen diese Sensation. Und meine Sportfreunde konnten es kaum erwarten, nachmittags den Wunderball in Augenschein zu nehmen. Zur Feier des Tages beschlossen wir, auf einer Rasenfläche zwischen Autobahn und Auffahrt nach Lübeck das runde Leder einzuweihen. Nie zuvor hatten wir mit einem richtigen Fußball gespielt. Es war ein erhebendes Gefühl, wir schwebten im Fußballhimmel.

Nach ungefähr fünf Spielminuten brach der Himmel über uns zusammen. Ausgerechnet das Geburtstagskind schoss den Ball daneben und er rollte auf die Autobahnauffahrt, wo im selben Augenblick ein Omnibus entlangfuhr. Es gab einen fürchterlichen Knall, und unser Traum war zerstört. Wir schrien vor Entsetzen und dann rollten die Tränen, bis wir wieder zu Hause waren. Der Geburtstagskuchen blieb uns im Halse stecken. Jetzt erst warfen wir einen schmerzlichen Blick auf den bejammernswerten Zustand unseres geliebten Fußballs. Nähte und Leder waren geplatzt. Aus und vorbei.

Licht am Fußball-Horizont tauchte wieder auf, als mich der Jugendtrainer vom VfL Bad Schwartau fragte, ob ich im Verein Fußball spielen wolle. Aber ich konnte mir keine Fußballschuhe leisten. Deshalb vereinbarte er mit meiner Mutter stillschweigend, der Verein würde die Schuh-Rechnung begleichen. Wenige Tage vor Weihnachten entdeckte ich den versteckten Schuhkarton im Kleiderschrank. Als meine Mutter schon schlafen gegangen war, kramte ich die heiß ersehnten Fußballschuhe mit Stollensohle heimlich aus dem Schrank und stolzierte durch das Zimmer. Wann ist endlich Weihnachten?

Mein erstes Spiel im Vereinstrikot, Shorts, Stutzen und richtigen Fußballschuhen für den VfL Bad Schwartau in der B-Jugend-Mannschaft bleibt mir unvergessen. Zuerst spielte ich im Tor, ein Jahr später als jüngster Rechtsaußen-Stürmer in der A-Jugendmannschaft, zuletzt gegen den Hamburger Sportverein mit Uwe Seeler in Ratzeburg, wo unsere Mannschaft punktegleich mit dem HSV Turniersieger wurde.

Das „Wunder von Bern" und von Bethlehem

„Deutschland, Deutschland über alles, über alles in der Welt …", sangen die übermütigen deutschen Fans nach dem Weltmeisterschaftssieg der deutschen Nationalmannschaft gegen Ungarn im Berner Wankdorf-Stadion am 4. Juli 1954. Dieses Datum kennt nicht nur jeder Fußballfan in Deutschland.

Neun Jahre waren seit dem Kriegsende vergangen. Das deutsche Volk litt immer noch unter dem verlorenen Krieg und die in seinem Namen begangenen fürchterlichen Verbrechen. Die gedemütigte Elterngeneration flüchtete sich in den Wiederaufbau, und die Anfänge des sogenannten Wirtschaftswunders waren sichtbar. Aber die ausländische Besatzungszeit endete offiziell erst ein Jahr später. Bundeskanzler Konrad Adenauer bemühte sich zwar um die Integration der noch jungen

Bundesrepublik in die westliche Staatengemeinschaft. Doch das Misstrauen der Alliierten und der Nachbarländer war gegenüber Deutschland trotz der Teilung noch groß. In dieser Situation kam der WM-Titel.

Lange Zeit wollte niemand gegen die Deutschen spielen. Erst 1950 gab es das erste Länderspiel nach dem Krieg gegen die Schweiz. Im Weltmeisterschaftsfinale 1954 war Deutschland krasser Außenseiter gegen die ungarische Nationalmannschaft, die in 32 Spielen hintereinander bisher unbesiegt war. Die hochfavorisierten ungarischen Spieler waren geschockt, und einige von ihnen sollen selbst in der Todesstunde die Schmach von Bern nicht vergessen haben.

Den Einzug der deutschen Elf in das WM-Finale nannte der Radioreporter Herbert Zimmermann ein echtes Fußballwunder, ein Ereignis, das im kollektiven Bewusstsein der Deutschen bis heute geblieben ist. 60 Millionen Deutsche verfolgten das Fußballmärchen an den Volksempfängern in Wohnstuben und Gaststätten. Die Straßen waren wie leergefegt.

Ich war damals 18 Jahre alt. Ausgerechnet an diesem Weltfußball-Nachmittag war Sonntagsschulfest unserer Kirche. Als neuer Mitarbeiter musste ich 80 Kinder unterhalten und begeistern. Ein halbes Jahr vorher hatte ich in einer Zeltmission einen deutsch-amerikanischen Evangelisten gehört, der früher in der deutsch-amerikanischen Fußballauswahlmannschaft spielte. Für ihn war Fußball die schönste Nebensache der Welt, aber sein Herz schlug für Jesus, was mich total irritierte, denn meine Leidenschaft war Fußball. Darüber hinaus konnte es nichts Größeres geben. Dennoch ließ ich mich auf das Glaubensexperiment ein und suchte ein seelsorgerliches Gespräch mit einem China-Missionar, der mir einen ganz praktischen Weg zeigte, wie man eine persönliche Beziehung zu Gott bekommen konnte. Er schlug die Bibel auf und las mir aus dem Alten Testament zwei Verse aus dem Propheten Jesaja (Kap. 43) vor: „Gott, der dich geschaffen hat, spricht zu dir: ‚Fürchte dich nicht, denn ich habe dich erlöst. Ich habe dich bei deinem Namen gerufen. Du gehörst mir.'" Dann schaute er mich an und sagte: „Günther, wenn du dein Leben diesem Gott, der dich geschaffen und erlöst hat, anvertraust und ihm gehören möchtest, bekommst du ein persönliches Verhältnis zu ihm wie zu einem treuen Freund, der dich durchs Leben begleitet. Gott hat ja zu dir gesagt, auch in der Taufe. Er erwartet aber auch deine Zustimmung, dein Ja wie bei einer Hochzeitszeremonie." Ich vollzog diesen Glaubensschritt und nahm dankend das unverdiente Geschenk seiner Liebe für mich in Anspruch. Mich erfüllte eine bisher unbeschreibliche Geborgenheit und innere Freude. Als ich am anderen Morgen aufwachte, hätte ich die ganze Welt umarmen können. Jetzt verstand ich das Negro-Spiritual „He's got the whole world in his hand …" ER hält die ganze Welt in seiner Hand. ER hält auch dein Leben in seiner Hand. Der Geist Gottes hatte mich ergriffen. Ich war begeistert von Gott und bin es immer noch, auch nach über 60 Jahren.

Die letzten fünf Minuten im dramatischen Endspiel im Berner Wankdorf-Stadion konnte ich dann doch noch am Volksempfänger miterleben. Der Radio-Reporter Herbert Zimmermann flippte förmlich aus und schrie seine überschäumende Freude um 18.37 Uhr ins Mikrofon: „Aus, Aus, Aus – Aus. Das Spiel ist aus. Deutschland ist Weltmeister und schlägt Ungarn mit 3 : 2." Und dann schwebte er in höheren Regionen: „Toni, du bist ein Fußballgott." Gemeint war der überragende Torwart Toni Turek. Anschließend musste sich der Reporter für seine „gotteslästerlichen" Worte bei der Kirche entschuldigen. „Toni, du bist Gold wert", wurde daraus im archivierten Mitschnitt. Im heutigen Zeitalter der „Weltreligion Fußball" würde niemand mehr daran Anstoß nehmen.

Die gedemütigte Nachkriegsnation hatte sich auf die Weltkarte zurückgekämpft: „Auferstehung Germanias durch das runde Leder", lautete eine Schlagzeile. Deutschland hatte wieder Helden, und ihnen durfte ohne moralische Bedenken zugejubelt werden, denn die Heroen waren unverdächtig. Kein Schatten aus der zwölfjährigen Nazi-Vergangenheit fiel auf sie. Das Ausland nahm den Erfolg und die deutschen Reaktionen irritiert zur Kenntnis.

Kein anderer sportlicher Erfolg in der bisherigen Geschichte der Bundesrepublik Deutschland hat eine größere gesellschaftspolitische und psychologische Wirkung besessen wie der zum Wunder von Bern verklärte Sieg des deutschen Teams von Sepp Herberger. Die Mannschaft um Kapitän Fritz Walter hatte den Deutschen ein Stück Selbstwertgefühl und nationale Identität gegeben. Man war wieder wer. Die Deutschen waren vereint in ihrer Freude und sie identifizierten sich mit der siegreichen Nationalmannschaft: „Wir sind Weltmeister."

Natürlich freute ich mich auch über den überraschenden Weltmeistertitel. Aber für mich wurde das „Wunder von Bern" zweitrangig im Vergleich zum Wunder von Bethlehem: „Siehe, ich verkündige euch große Freude. Euch ist heute der Heiland geboren."

So wie Millionen von schuldbeladenen Deutschen sich mit dem Weltmeister identifizierten und sich dadurch aufgewertet fühlten, so wusste ich mich durch meine Bekehrung zu Jesus aufgewertet, durch seine Erlösung am Kreuz und seine Auferstehung von den Toten. Als Christ identifiziere ich mich mit Jesus, weil er diesen Sieg auch für mich errungen hat. Deshalb bekennen auch zahlreiche gläubige Fußballidole: „Nicht Fußball, sondern Jesus ist mein Leben." Dieses Christusbewusstsein bewirkt auch ein beglückendes Selbstwertgefühl.

„Ein Sieg für die Ewigkeit", lauteten damals die Schlagzeilen, nicht nur in der Sportpresse. Was ist aus den legendären Fußballhelden von 1954 geworden? Manche von ihnen sind an ihrem Ruhm zerbrochen. Zum Beispiel Verteidiger Werner Kohlmeyer, der sein Haus im Glückspiel verlor und in eine Nervenklinik eingewiesen wurde. Oder Mittelstürmer Ottmar Walter, der seine Tankstelle zugrunde wirtschaftete, Alkohol trank und versuchte, sich umzubringen. Rechtsaußen Helmut Rahn, der umjubelte Torschütze, ging mit seinem Autohandel Pleite und saß wegen Trunkenheit am Steuer im Gefängnis. „Viele Helden wurden vom frühen Glück geschlagen", bedauerte die Sportpresse. Einer von ihnen ist noch am Leben, der damals jüngste Spieler der Weltmeisterschaftself, Horst Eckel, mit dem ich gemeinsam an einer Sportveranstaltung in der Justizvollzugsanstalt Neuwied auftrat.

Der Mannschaftskapitän Fritz Walter überstrahlte alle anderen Helden von Bern. Überall, wo er hinkam, wurde er verehrt wie ein Fußballgott. Wir begegneten uns am Ende seines Lebens auf der Frankfurter Buchmesse und unterhielten uns über Gott. Das „Wunder von Bern" war in weite Ferne gerückt, aber das Wunder der Menschwerdung Jesu, der uns durch Leben und Tod begleiten möchte, kann Menschen immer noch begeistern. Fritz Walter scheute sich nicht, mir zu gestehen: „Der Glaube an Gott ist sehr wichtig für mich."

Anstoß zum Leben
in der JVA Siegburg

Wenn beim Fußball im Gefängnis
Gott ins Spiel kommt

In der Justizvollzugsanstalt (JVA) Siegburg, wo 530 Strafgefangene hinter Gittern sitzen, gaben sich schon manche Fußballgrößen ein Stelldichein. Unter ihnen Oliver Kahn, Lukas Podolski und DFB-Präsident Theo Zwanziger. Bei meinem Gefängnisaufenthalt war auch ich in prominenter Gesellschaft: mit Weihbischof Norbert Trelle und Horst Eckel, dem letzten noch lebenden Fußballweltmeister von 1954 in Bern.

Wir standen an einem Aprilabend 2001 im Gefängnishof, auf dem ein gepflegter Sportplatz angelegt ist. Zwei außergewöhnliche Mannschaften standen sich gegenüber: Die Siegburger Strafgefangenen-Auswahl, verstärkt durch Mitarbeiter der Gefährdetenhilfe Scheideweg, traf auf eine Westdeutsche Prominenten-Auswahl. „Zustände wie beim Spiel Bayern München gegen Borussia Dortmund sind hier nicht drin", betonte Dr. Wolfgang Neufeind, Leiter der Siegburger Justizvollzugsanstalt. Also kein frenetischer Jubel, keine leidenschaftlichen Fangesänge und keine Pyrotechnik-Exzesse mit Leuchtfackeln und Bengalos. Wie Tribünen umgaben mehrstöckige rote Backsteingebäude das Fußballfeld. An den vergitterten Fenstern fieberten wohl mehrere Hundert Gefängnisinsassen mit ihren Knastbrüdern mit, die gleich gegen ehemalige Bundesligaspieler antreten sollten.

„Anstoß für ein neues Leben"

Dieses Sportangebot war mehr als reiner Zeitvertreib. Gefängnissport bedeutet Dampfablassen „im positiven Sinne" und ist wichtiger Bestandteil für die Resozialisierung der Häftlinge. Das Fußballspiel lenkt ab von dem üblichen Bild der etwa zehn Quadratmeter großen Zelle, deren Anblick die Insassen den überwiegenden Teil des Tages ertragen müssen. Für 90 Minuten verfolgten sie ein spannendes Spiel und vergaßen ihren eintönigen Knastalltag.

„Anstoß für ein neues Leben" heißt das Projekt der Sepp-Herberger-Stiftung, die sich bundesweit für den Fußball einsetzt. In kontinuierlicher Gruppenarbeit sollen den jungen Gefangenen durch den Fußball persönlichkeitsbildende und soziale Fähigkeiten vermittelt werden, die später eine Rückkehr in das gesellschaftliche Leben erleichtern helfen. Botschafter dieser Stiftung sind Fußballidole wie Oliver Kahn, Heiko Herrlich und Lukas Podolski. An diesem Tag war Horst Eckel dabei. Der Weltmeister von 1954 war mit 22 Jahren jüngster Fußballer in der legendären Herberger-Elf. Locker lief die Fußballlegende auf den Platz und gab den Ball frei zum Spiel.

Am Fußballrand standen geladene Gäste, unter ihnen Sportfunktionäre, Kommunalpolitiker und Honoratioren der Stadt. Wir alle wurden strengen Leibesvisitationen unterzogen, mussten vorbei an Sicherheitsschleusen und Wachpersonal. Ein Tor nach dem anderen wurde vor uns aufgeschlossen und hinter uns wieder zugesperrt. Von der gespenstischen Gefängnisatmosphäre ließ ich mich nicht gefangen nehmen, eher vom kämpferischen Fußballspiel. Die frustrierten Inhaftierten spielten besonders aggressiv, als ginge es um Leben und Tod. Ein Aufseher meinte: „Die Jungs hier sind ehrgeiziger als normale Fußballer, jeder spielt mehr für sich. Es geht darum, in der Knastwelt seinen Wert zu zeigen. Darauf sind sie ganz heiß."

Ihre Knastbrüder hinter den vergitterten Fenstern waren zwar nicht so leidenschaftlich wie die Fußballfans in der Südkurve des Westfalenstadions, aber dennoch machten sie lautstark Stimmung durch Zurufe, Misstöne bei Fouls und Jubelschreie bei erzielten Toren ihrer JVA-Mannschaft.

In der Halbzeit sollte ich eine Andacht halten über die Lautsprecheranlage des Westdeutschen Rundfunks. Aber die Veranstalter hatten die 15-Minuten-Pause für Promi-Interviews, Fototermine und Kurzansprachen völlig verplant. Für den lieben Gott war kein Platz mehr. Da konnte auch der geladene Weihbischof Norbert Trelle, der in seiner Jugendzeit auch mal Fußball im Verein gespielt hatte, nichts ausrichten.

Die zweite Halbzeit gehört Gott

Die zweite Halbzeit wurde angepfiffen. Ich stand da wie bestellt und nicht abgeholt. Da schaute der WDR-Reporter zu mir und sagte: „Was halten Sie davon, wenn ich Ihnen für zwanzig Minuten mein Mikrofon gebe. Das Gefängnispublikum wird sich freuen." „Dafür werden die Strafgefangenen auf dem Platz und an den Zellenfenstern wohl kein Verständnis haben, wenn die Fußballreportage verstummt und ein frommer Ton angestimmt wird", gab ich zu bedenken. „Machen Sie den Versuch", ermutigte er mich. Wie sagte Jesus: „Ich bin im Gefängnis gewesen, und ihr habt mich besucht." Auf die Frage, wo und wann das gewesen sei, antwortete Jesus: „Was ihr für einen meiner geringsten Brüder getan habt, das habt ihr mir getan." Als Botschafter Jesu verstand ich mich in diesem Augenblick und stellte mich spontan auf diese ungewöhnliche Situation ein, die zweite Halbzeit des Fußballspiels mit der Christusbotschaft zu unterlegen. Wer wagt, gewinnt. „Liebe Fußballfreunde", schallt es über den Gefängnishof, „die zweite Halbzeit hat begonnen. Ich möchte kein Spielverderber sein. Aber der Sportreporter hat mir gerade das Mikrofon übergeben, um Gott ins Spiel zu bringen. Wenn er dabei ist, spielen wir fairer und unbeschwerter, wie mir Fußballidole immer wieder versichert haben. Das gilt vor allem für das Spiel des Lebens, auch im Knastalltag. Schenkt mir für 20 Minuten euer Gehör, während eure Augen das Spielgeschehen verfolgen."

Fußballspiel als Spiegelbild des Lebens

In meiner Botschaft ging ich zuerst auf die Faszination des Fußballspiels als Spiegelbild unseres Lebens ein, auf das Zusammensein mit anderen Menschen unter Beachtung fairer Spielregeln, auf die Entfaltung meiner Talente und die meiner Mitspieler, auf die Freude am Spiel, auf den Sieg am Ende eines leidenschaftlichen Kampfes.

Im Spiel des Lebens gäbe es aber auch Niederlagen und Frustrationen: Zum Beispiel wenn ich nicht mehr aufgestellt werde, weil ich keine Leistung bringe. Wenn ich ohne Rücksicht auf Verluste mich durchboxen will und manchmal sogar über Leichen gehe. Wenn ich die rote Karte bekomme und vom Platz gestellt werde. Wenn ich Schicksalsschläge einstecken muss, die mich spielunfähig machen.

Dann kam ich auf Heiko Herrlich, Deutschlands jüngsten Torschützenkönig der Bundesliga, zu sprechen, der zu diesem Zeitpunkt als Stürmer von Borussia Dortmund nicht mehr das Tor traf und alles doppelt sah. Die Fußballwelt war erschüttert, denn der 28-jährige Fußballprofi bekam die niederschmetternde Diagnose: „Ihr bösartiger Tumor im Kopf ist inoperabel."

Bei Gott gibt es keine hoffnungslosen Fälle

„Ihr kennt solche Schocksituationen, als das Gerichtsurteil über euch gefällt wurde", schallte es im Gefängnishof. „Als ihr zu einem Jahr, zu zehn Jahren oder zu 15 Jahren Freiheitsentzug verurteilt wurdet, fiel für euch auch eine ganze Welt zusammen. Rückblickend habt ihr euch vielleicht gefragt: Wie konnte das bloß passieren? Wie ist Heiko Herrlich damit fertig geworden? Nach einem vorübergehenden Schockzustand hat er sich auf sein bisheriges Leben besonnen und als Christ seinem Gott für alle bisherigen Wohltaten gedankt. Und jetzt in der bittersten Niederlage seines Lebens wusste er sich trotz vieler dunkler Stunden von Gottes Liebe getragen. Diese frohe Botschaft gilt für jeden von uns. Du darfst wissen, da ist einer, der dich besser versteht, als du dich selber verstehst."
Anschließend habe ich den Häftlingen Jesus vor Augen gemalt. Den Gottessohn, der sich als Mensch mit unserem Elend identifizierte und unsere Schuld auf sich nahm. Der am Kreuz für uns starb und vom Tode auferstand und uns beistehen will.
„Jesus ist meine Kraft', steht auf den T-Shirts mancher Fußballstars", sagte ich abschließend. „Ich habe es erfahren. Heiko Herrlich hat es erfahren. In seiner Ohnmacht und Verzweiflung hat er Jesus angefleht und Frieden in seinem Herzen gefunden. Wider Erwarten hat eine Strahlentherapie den Tumor beseitigt. Heiko Herrlich ist auf dem Wege der Besserung. Auch du

kannst nicht tiefer fallen als in Gottes Hand. Bei Gott gibt es keine hoffnungslosen Fälle. Was immer auch deine Not ist, dieser Jesus möchte dich in deiner Zelle besuchen. Sprich mit ihm wie mit einem guten Freund. Er hat dich unendlich lieb."

Meine zwanzig Minuten waren abgelaufen. Es gab keine Buhrufe. Erstaunlicherweise klatschten etliche Knastbrüder in die Hände. Das Spiel ging weiter und endete mit einem 3 : 2-Sieg für die Strafgefangenen. Nach den vielen Niederlagen in ihrem Leben haben sie den genossen.

„Du hast uns Mut gemacht"

Auf dem Gefängnishof unterhielt ich mich noch eine Stunde lang mit Mitarbeitern der christlichen Gefährdetenhilfe „Scheideweg", die regelmäßig seelsorgerliche Gefangenenbesuche machen. Zwei Wochen vorher hatten sie einen Ostergottesdienst in der hiesigen Gefängniskapelle gestaltet. Fast hundert Strafgefangene waren dabei. Ich hatte die Predigt gehalten über das Jesus-Wort: „Ich bin die Auferstehung und das Leben. Wer an mich glaubt, wird leben, auch wenn er stirbt. Glaubst du das?" Dabei hatte ich nicht Heiko Herrlich, sondern Rocky als Glaubensvorbild den Knastbrüdern vorgestellt. Rocky, der volltätowierte Rocker mit Irokesenschnitt, hatte jahrelang im Zuchthaus Bautzen gesessen. Nach seiner Begnadigung hatte er in Hamburg mit Udo Lindenberg auf der Bühne gestanden, bis er an Lungenkrebs erkrankte. Der gefürchtete Schläger auf der Reeperbahn in St. Pauli wurde ein glühender Christ, der viele Menschen im Rotlichtmilieu mit seinem Glauben ansteckte. Auf seinem Sterbebett hatte ich ihn kennengelernt und auch die Beerdigungsansprache gehalten. Seine letzten Worte waren: „Vater, ich gehe jetzt zu dir." Nach dem Gefängnisgottesdienst erzählte mir freudestrahlend ein Häftling, er sei Rocky in Hamburg begegnet und schwer beeindruckt von seinem Jesus-Glauben gewesen.

Auf dem Gefängnishof war die Sonne längst untergegangen. Überall in den Gefängniszellen brannte schon das Licht. Als wir uns auf den Weg in die Freiheit machten, entdeckten uns einige Strafgefangene und riefen mir aus ihren vergitterten Zellenfenstern zu: „Danke, du hast mir Mut gemacht", oder „Das hat mir gut getan." Jesus würde vielleicht zu mir sagen: „Was du einem unter meinen geringsten Brüdern getan hast, das hast du mir getan." Danke, Jesus, ich bin nicht besser als meine Knastbrüder. Aber ich bin besser dran, weil ich dich kenne. Lass mich ein wegweisendes Licht in der Dunkelheit dieser Siegburger Justizvollzugsanstalt gewesen sein.

FUSSBALL UND RELIGION

Schüler über Fußballlegenden und die Spielregeln des Lebens

Am Siegener Evangelischen Gymnasium belegten einige 16- bis 17-jährige Schülerinnen und Schüler einen Projektkurs, in dem es um den Zusammenhang zwischen Fußball und Religion ging. Ich war beeindruckt, dass sich die jungen Menschen weniger für die Glorie der Weltfußballer interessierten, als vielmehr deren Meinung zur Sinn- und Gottesfrage. Nachfolgend eine Auswahl ihrer Gedanken.

„Es ist ermutigend, wie offen der erfolgreichste Bundesligatrainer Ottmar Hitzfeld über sein persönliches Verhältnis zu Gott spricht. Jesus hat für ihn eine große Vorbildfunktion, die er auch konsequent in seinem Leben umgesetzt hat: Er möchte nicht den bequemen Weg gehen, sondern immer was Neues wagen, sich herausfordern lassen und von Jesus geleitet werden; denn Jesus sei um der Gerechtigkeit willen nicht den Weg des geringsten Widerstandes gegangen. Beten ist für ihn ein Ruhepol. Nur so kann er mit voller Kraft den ganzen Stress durchhalten und dessen gewiss sein, dass Gott hinter ihm steht. Auch ich erfahre immer wieder, dass mir das Gebet die nötige Ruhe und Gelassenheit gibt, die ich ständig brauche. Ich finde es sehr gut, wenn solche berühmten Personen sich zu ihrem Glauben bekennen; denn dann interessieren sich deutlich mehr Menschen dafür."

Fiene Hardt

„Wie Uwe Seeler finde ich es auch traurig, dass wir oft der Sinn- und Gottesfrage ausweichen und nicht mehr Leid und Trauer zulassen. Wir müssen alle irgendwann Abschied nehmen von Freunden, Angehörigen und von dieser Welt. Auf solche Krisen sollten wir vorbereitet sein. Wenn ich manchmal denke, Gott hat die Fäden aus der Hand gelegt, erfahre ich immer wieder, was es heißt zu vertrauen. Wem trauen wir? Trauen wir uns?

Oder wenden wir uns an Gott, der uns beschenken will, damit wir ihm trauen? Er hat seinen einzigen Sohn für uns gegeben, damit wir wieder eine Möglichkeit haben, all unseren Mist ins Reine zu bringen. Er will nur das Beste für uns. In der Bibel steht es wortwörtlich: ‚Wenn wir unsere Sünden bekennen, so ist er treu und gerecht, dass er uns die Sünden vergibt und uns reinigt von jeder Ungerechtigkeit' (1. Joh 1,9)."

Henrike Klein

„Ich denke, Jean-Marie Pfaff ist eine sehr beeindruckende Persönlichkeit. Diese Torwartlegende wirkt auf mich sehr bescheiden im Gegensatz zu bekannten Fußballspielern wie Ronaldo, die mit ihren Talenten und Erfolgen angeben. Auch wenn Pfaff ehrlicherweise Ruhm ganz schön findet, so ist doch das Wichtigste in seinem Leben seine Familie und der Glaube an Gott. Das finde ich sehr erstaunlich, denn wenn man mit Fußball Karriere macht, ist die Versuchung groß, den Erfolg zum größten Lebensinhalt zu machen. Außerdem beeindruckt mich, wie ehrlich und offen er zugibt, wie hilflos er sich in Krisensituationen fühlt. Sonst hätte er sich nicht nach einem Seelsorger umgesehen, dem er vertrauen kann. Ich würde mal sagen: Das war die beste Entscheidung seines Lebens, denn durch diese seelsorgerliche Hilfestellung hat er persönliche Glaubenserfahrungen mit Gott gemacht, die ihn positiv geprägt haben. Vielleicht wäre er sonst nicht zum besten Fußballtorwart der Welt gewählt worden."

Hannah Post

„Es ist bewundernswert, was Cha Bum-kun in seinem Leben geschafft hat. Selbst nach seiner Karriere setzt er sich als National- und Vereinstrainer für die Weiterentwicklung des Fußballsports in Südkorea ein und unterhält eine Fußballschule für sozial schwache Kinder. Der beste asiatische Fußballer des Jahrhunderts war ein leidenschaftlicher Kämpfer, der für seine Mannschaft trotz schmerzhafter Erfahrungen alles gegeben hat. Bemerkenswert ist auch, dass er sich durch seine scheinbar unheilbare Knieverletzung nicht unterkriegen ließ und wie durch ein Wunder Gottes heilende Kraft erfuhr. Er sieht sein Leben als Geschenk an und will als bekehrter Christ Gott auch in den Medien groß machen. Wie eng muss wohl seine Verbindung sein, die er zu Gott aufgebaut hat. Ich finde es sehr stark, dass diese berühmte Persönlichkeit aus Dankbarkeit nicht nur für seine Familie und Fußballfreunde da ist, sondern sogar seinen Feinden vergibt. Er stellt sich nicht über andere Menschen und will was Besseres sein, was ihn sehr sympathisch macht."

Felina Klappert

„Ich finde mich öfters in Heiko Herrlichs Worten wieder. Ich selbst betreibe leistungsmäßig das Springreiten. Wie Heiko Herrlich am Anfang seiner Karriere, bin auch ich durch den Sport ein anderer Mensch geworden, der nicht mehr mit dem Strom schwimmt. Ich gehe meinen eigenen Weg. Früher war ich sehr schüchtern, aber durch meinen Sport bin ich selbstbewusster und selbstkritischer geworden.

Heutzutage muss alles immer besser und schneller gehen, möglichst mit viel Geld verbunden sein. Aber was ist, wenn das alles nicht mehr geht? Es ist bewundernswert, wie offen Herrlich mit seiner schweren Krankheit umgegangen ist. Er hat Gott an seine Seite geholt und versucht, das Beste daraus zu machen. Ganz ehrlich, auch ich habe Angst vor dem Tod und vor solchen Krankheiten. Dieser Mann ist für mich ein perfektes Beispiel dafür, wie man sein Leben meistert auf extremen Höhen und in extremen Tiefen."

Lena Dünger

„Trotz seiner großen Erfolge und seiner Bekanntheit sympathisiert der wohlhabende Weltmeister Wolfgang Overath mit Hilfsbedürftigen.

Mir persönlich ist es wichtig, das eigene Vermögen wertzuschätzen. Es ist für mich nicht selbstverständlich, ein eigenes Zimmer im Neubau meiner Eltern zu bewohnen oder ohne Sorgen einkaufen zu gehen und die Dinge zu behalten, die mir gefallen. Und hier kommt Gott ins Spiel. Wir können ihm danken für all seine Gaben und ihn bitten, den ärmeren und Hilfsbedürftigen beizustehen.

Für Wolfgang Overath ist Gott nicht überflüssig. Er bringt es auf den Punkt: Das materielle Glück währt doch nur einen Augenblick; es ist heute da und kann morgen vorbei sein.

Sein Glück mit anderen zu teilen und ihnen eine Freude zu machen, sollte jeder Mensch einmal erlebt haben. Man wird dankbar und zufrieden."

Jana Mockenhaupt

„Als gestandener Fan vom SV Werder Bremen behaupte ich, dass Wynton Rufer der beeindruckendste und erfolgreichste Werder-Stürmer gewesen ist. Doch abgesehen von seiner atemberaubenden Fußballkarriere ist seine Lebensgeschichte noch viel faszinierender. Ein extrovertierter Partylöwe verwandelt sich in einen gläubigen friedvollen Christen, der, statt seinen Trainern Ärger zu bereiten, seine Kameraden motiviert und ein hilfsbereiter Mensch wird. Diese Wandlung ist erstaunlicher als jedes von ihm geschossene Tor. Als 17-jähriger Teenager, der an Gott glaubt, wird man in seinem Freundeskreis meist belächelt. Und wenn ich dann Rufers Glaubensbekenntnis vor Augen habe, wird mir ganz schnell wieder klar, was die Liebe Jesu doch eigentlich für ein gigantisches Geschenk ist.

Der Glaube an Jesus Christus hat Rufer zu einem glücklichen Menschen gemacht, der ihm hilft, die größten Hürden zu überwinden und seine Talente zu fördern. Seine Lebensgeschichte rüttelt suchende Menschen wach und macht ihnen bewusst, dass nicht wilde Partys, Alkohol und Drogen der Weg zur wahren Erfüllung sind."

Phil Noah Schwedes

„Was für eine Person, dieser Dieter Kürten. Mich überrascht, wie es sein kann, dass er trotz etlicher Schicksalsschläge in seiner Jugend durch seinen Glauben ein positiv denkender Mensch geworden ist. Für mich ist der Glaube ein sehr persönliches Thema, worüber ich nicht in aller Öffentlichkeit spreche. Aber Kürten steht dazu. Er versucht, seine Zeit und sein Geld auch mit Menschen zu teilen, denen es schlechter geht. Deshalb engagiert er sich ehrenamtlich in Hilfsorganisationen.
Es gibt viele Atheisten, die an Gott zweifeln, aber Kürten meint, das Wagnis, Gott völlig zu vertrauen, würde sich lohnen."

Hagen Kamieth

„Egidius Braun ist ein Mann, der eine ganze Fußball-Generation geprägt und Fußballgeschichte geschrieben hat. Ein DFB-Ehrenpräsident wie kein anderer, denn er verbindet Humanität, Glaube und Sport so eng miteinander, dass es schon fast mühelos scheint. Dieser Mann ist ein Paradebeispiel gelebter christlicher Werte und sollte als Vorbild auch für unsere Generation dienen. Auch heute trägt seine Stiftung dazu bei, rund um den Globus den Menschen ein besseres Leben zu ermöglichen. Die Kampagne „1 : 0 für ein Willkommen", die aus reiner christlicher Nächstenliebe schöpft, engagiert sich für Flüchtlinge und Migranten und fördert ihre gesellschaftliche Integration.

Diese notwendigen sozialen Aktionen tragen immer noch die Handschrift des ehemaligen DFB-Präsidenten, die in gewisser Weise seine Persönlichkeit, sein Denken und Handeln widerspiegeln. Solche Menschen brauchen wir."

Atalay Gharevi

Immer am Ball bleiben – Lebensimpulse aus dem Fußball für den Alltag

„Auch in der 90. Minute kann man das Spiel drehen"

Man sollte niemals aufgeben, weil man immer eine neue Möglichkeit bekommen könnte.

Real Madrid spielt gegen FC Barcelona. Es steht 1 : 1 und in der letzten Minute schießt Cristiano Ronaldo das Siegtor. Da die Spieler von Real Madrid bis zur letzten Minute gekämpft und nicht aufgegeben haben, konnten sie das Spiel für sich entscheiden.

Wer sich um eine Arbeitsstelle bewirbt und immer wieder Absagen bekommt, sollte sich nicht geschlagen geben. Zuletzt kann es doch noch gelingen.

„Verlieren ist keine Schande"

Wer ein Spiel verliert, kann vielleicht das nächste schon gewinnen. Aus jeder Niederlage kann man lernen, nicht mehr dieselben Fehler zu machen und nicht gleich aufzugeben. Auch wenn man das erste Spiel verloren hat, gibt es eine zweite Chance, um den Endstand für sich zu entscheiden. In der Champions League spielte FC

Porto gegen Liverpool. Obwohl Porto das erste Spiel verloren hatte, kam es durch das gewonnene Rückspiel eine Runde weiter.

„Ich muss um Chancen kämpfen"

Wer nicht lernt, kann kein gutes Ergebnis erwarten. „Ohne Fleiß kein Preis".
Wenn Fußballer nicht trainieren und fit bleiben, können sie nicht das Spiel für sich entscheiden.

Bahir Karpuz

Spielregeln und Zehn Gebote einhalten

Der Schiedsrichter sorgt für Gerechtigkeit im Spiel und achtet darauf, dass sich jeder an die Grundregeln hält. Ohne ihn käme es wohl in den meisten Spielen nicht zu einem flüssigen Spielablauf.
Im christlichen Glauben ist es ähnlich: Gott ist mit dem Schiri zu vergleichen, der uns die Zehn Gebote gegeben hat. Das sind die Rahmenbedingungen für ein geordnetes Leben. Wenn wir uns danach richten, können wir ein menschenwürdiges Leben führen. Alle Möglichkeiten stehen uns offen, wenn wir unsere Entscheidungen im Einklang mit seinem Willen treffen. Dann begleitet er uns auf all unseren Wegen, wie der Schiri im Fußballspiel.

Gott als Abwehr im Rücken

Die Stürmer schießen die Tore und die Abwehr verteidigt das eigene Tor, indem sie versucht, die Angriffe des
gegnerischen Teams zu blockieren. Es kommt auf die
klare Rollenverteilung an. Das Zusammenspiel muss
perfekt abgestimmt sein, sodass man sich aufeinander
verlassen kann.

Als Christen haben wir in unserem Leben den Glauben
an Gott wie eine „Abwehr im Rücken". Unabhängig davon, was wir tun, wissen wir, dass Gott hinter uns steht.
Auch wenn wir mal einen Fehler machen und „am Tor
vorbeischießen", steht Gott trotzdem für uns ein und
gibt uns eine neue Chance.

Gott hat den genialen Überblick
und zeigt uns die Lücke

In hohem Tempo führt Ronaldo den Ball eng am Fuß
und will bis zur Grundlinie vordringen, wenn da nicht das
Abwehrbollwerk der Italiener wäre! Die Defensiv-Spie-
ler Bonucci und Chiellini machen die Seite mit einem
einzigen maximal effizienten Laufweg dicht. Endstation
für den fünfmaligen Weltfußballer des Jahres. Für ihn
ist der Angriff nun ohne Aussicht auf Erfolg. Jedoch ver-
nimmt er einen Ruf von Ricardo Quaresma, der sich
auf dem rechten Flügel positioniert hat. Im Bruchteil
einer Sekunde schlägt Ronaldo den Ball hinüber zu

seinem Sturmkameraden, kurz bevor Chiellini den Ball hätte klären können. Der rechte Flügel ist nun komplett offen, da zuvor die komplette Aufmerksamkeit auf Ronaldo gerichtet war. Quaresma erkennt die Lücke und startet nach der Annahme des Balls durch, steht frei vor dem Tor und schiebt das Leder sicher in die untere rechte Ecke.

Im Leben sieht es oft genauso aus. Wir laufen zunächst mit viel Enthusiasmus in unterschiedliche Situationen, Lebensabschnitte oder auch ganz praktisch in einen Tag hinein. Doch dann merken wir, dass es nicht so läuft, wie wir es uns vorgestellt haben. Wir sind enttäuscht, geben auf und entziehen uns der Verantwortung. Aber gerade in solchen Krisensituationen sollten wir Gott vertrauen, der auch für uns einen Plan hat, wie es in Psalm 37, Vers 5 heißt: „Befiehl dem HERRN deine Wege und hoffe auf ihn; er wird's wohl machen." Dann werden wir eine Lücke finden, die er für uns vorgesehen hat. Wir Menschen haben nicht den Überblick und sehen so immer nur einen winzigen Teil unseres ganzen Lebens. Daher sollten wir nicht verzweifeln, wenn es einmal nicht so funktioniert, wie wir gedacht haben. ER hat überall und in jeder Sekunde unseres Lebens den genialen Überblick. ER weiß, was gut für uns ist und was nicht.

Mika Arlitt

„Immer wieder aufstehen"

Beim Spiel ist es wichtig, dass man schnell wieder auf die Beine kommt und weiterspielt, denn Fehler zu machen ist noch lange keine Niederlage, solange man nicht liegenbleibt und den Gegner ohne jeglichen Widerstand Tore schießen lässt.

Auch außerhalb vom Spielfeld kann es schnell passieren, in ein Tief zu geraten, z. B. bei einer verhauenen Klausur oder vergeblichen Jobsuche, sodass man die Lust am Weitermachen verliert. Man sollte sich dann aber, genau wie beim Fußball, wieder aufrappeln, den Staub von den Schultern klopfen und sich daran erinnern, dass das Scheitern keine Schande ist, sondern nur ein Lernprozess, die Herausforderung anzunehmen.

Mikayil Safarov

Nach einem Aus geht es weiter

Wenn jemand am Ball ist, von einem Gegner angegriffen wird und dieser ihn schließlich ins Aus befördert, erhält die eigene Mannschaft einen Einwurf und das Spiel geht mit eigenem Ballbesitz weiter. Man hatte also das Spielgeschehen im Griff, wurde kurz gestört oder zwischenzeitlich am Weitermachen gehindert, aber kann anschließend weiterspielen wie zuvor. So ist es zum

Beispiel auch bei einer Krankheit oder Verletzung. Man wird zwischenzeitlich von ihr eingeschränkt, aber nachdem man sie auskuriert und überwunden hat, kann man sein Leben normal weiterführen, sofern es sich nicht um Schlimmeres handelt.

Jedoch kann es auch sein, dass man selbst einen Fehlpass gespielt hat und der Ball deswegen im Aus ist. Jetzt hat der Gegner Einwurf und ist im Ballbesitz. Man muss sich also den Ball zurück erkämpfen, um das Spielgeschehen wieder selbst zu kontrollieren. Ein passendes Beispiel wäre hier ein Gefängnisaufenthalt. Wie im Fußball hat man erst einen Fehler begangen, anschließend die Konsequenz davongetragen und muss sich dann wieder ins Leben zurückkämpfen.

Leonard Dangendorf

„Nur wer verlieren kann, würdigt auch den Sieg"

Nicht alles im Leben gelingt beim ersten Versuch. Es gibt immer Höhen und Tiefen. Doch die Kunst des Lebens besteht unter anderem darin, sich von Rückschlägen nicht entmutigen zu lassen, sondern dadurch stärker zu werden, um im nächsten Anlauf für sein Ziel zu kämpfen.

Genauso ist es auch beim Fußballspiel. Keine Mannschaft kann jedes Spiel gewinnen. Das wäre auch langweilig und nichts Besonderes mehr. Nur wer verlieren kann, würdigt auch den Sieg. Ein verlorenes Spiel zeigt den Spielern, dass eine andere Mannschaft härter für den Sieg gekämpft hat. Und sie fragen sich, was sie verbessern müssen. Man geht gestärkt aus der Niederlage hervor – beim Fußballspiel und im richtigen Leben.

Buh-Rufe und Beifall gehören zu unserem Leben

Ich kann es nicht jedem recht machen. Es wird immer Menschen geben, die mich unterstützen. Andere werden von meinem Tun nicht überzeugt sein und mich abhalten wollen. Jeder ist individuell und sollte das tun, was er für richtig hält. Man sollte sich nicht von Menschen beeinflussen lassen, die einen am Boden liegen sehen wollen. Wichtig ist, auf sein Herz zu hören.
Fast jeder Mensch will am schönsten, am beliebtesten und am erfolgreichsten sein. Er gönnt den anderen nichts und macht die anderen schlecht, um selbst groß herauszukommen. Im Fußball ist es nicht anders. Zwei Mannschaften spielen gegeneinander. Die jeweiligen Fans überschütten ihre eigene Mannschaft mit Beifall und buhen die Gegner aus.
Im Leben ist es wichtig, den Hass anderer Menschen auszublenden und sich von ihnen loszusagen, um ohne Belastungen seine Lebensziele verwirklichen zu können.

Dana Weisheim

Bildnachweis

Cover: © picture alliance / Pressefoto Ulmer; S. 6: privat; S. 14: © picture alliance / empics; S. 29: © picture alliance/Foto Huebner; S. 40: © picture alliance / dpa; S. 56: © picture alliance/ Pressefoto Ulmer; S. 70: picture alliance / dpa; S. 74: © picture alliance / dpa; S. 86: © picture alliance / Sven Simon; S. 103: © picture alliance / HJS-Sportfotos; S. 117: © picture alliance / Gladys Chai von der Laage; S. 135: © picture alliance/ dpa; S. 142: © picture alliance / ZB; S. 158: © picture alliance/ dpa; S. 170: © picture alliance / AP Photo; S. 180: © picture alliance / RMR/RM; S. 188: © picture alliance / ZB; S. 216: © Frank Einheuser, Siegen

Bibliografische Information der Deutschen Nationalbibliothek
Die Deutsche Nationalbibliothek verzeichnet diese Publikation in der Deutschen Nationalbibliografie; detaillierte bibliografische Daten sind im Internet unter http://dnb.d-nb.de abrufbar.

Besuchen Sie uns im Internet:
www.st-benno.de

Gern informieren wir Sie unverbindlich und aktuell auch in unserem Newsletter zum Verlagsprogramm, zu Neuerscheinungen und Aktionen. Einfach anmelden unter www.st-benno.de

ISBN 978-3-7462-5175-2

© St. Benno Verlag GmbH, Leipzig
Umschlaggestaltung: Rungwerth Design, Düsseldorf
Gesamtherstellung: Kontext, Lemsel (A)